こんなとき
どう説明する？

日本語を
教えるための
やさしい 英語表現

【著】
嵐洋子 ＋ 倉林秀男 ＋ 田川恭識 ＋
ジョージ・アダムス ＋ ワー由紀

くろしお出版

は じ め に
Introduction

　日本語のクラスにおいて、たくさんの日本語を聞き、話す機会を作ることはとても大切です。しかし、特に初級の最初の段階では、文法や語彙、文化背景など日本語だけでは学習者が十分に理解できないことが多くあります。また、学習者の中には、自分が日本語を正しく理解しているのかがわからず、不安に感じる人もいます。もし**クラスの学習者がわかる共通言語、例えば英語があれば、その言語を使って説明することで、学習者のより深い日本語の理解を促すとともに、不安を取り除く助けともなります。**また、授業の時間は限られています。**英語と日本語の相違点を活かして簡潔な説明ができれば、時間の効率化にもつながります。**とは言っても、英語で説明したり、英語で質問に答えたりすることは容易なことではありません。実際、「学習者から英語でたくさん質問が来るがうまく答えられない」、「自分の英語が正しいか不安がある」という教師の声を聞きます。また、反対に「英語での説明が長くなり、学習者の日本語を聞く時間が減ってしまい心配だ」という声も聞きます。

　そこで、この本では、日本語を教えている人やこれから日本語教師を目指す人で、**英語を使って文法や語彙を説明したり、質問に答えたりできるようになりたい人**のために、**できるだけやさしい英語で簡潔に説明した例や、英語で教える際のポイント**を紹介しています。

　扱う項目は、**初級の学習者からよく聞かれる項目や、日本語と英語の間に違いがある項目**で、英語と日本語の相違点を考えながら、英語を活かした説

明ができるようになることを目指しています。また、ただ例文を覚えるだけでなく、**よく使う単語、文のパターンを練習していくことで、教室で必要な英語力を少しずつ身に付ける**ことも目指しています。

　日本語は日本語で教えると習ってきた人も多くいると思います。筆者もその一人です。大学で担当する日本語教師養成においても、媒介語を使わずに教える方法を教えてきました。しかし、ある時、英語圏の日本語教育機関に教育実習生を派遣したところ、帰国後、派遣先では英語を多く使用していて準備していた教え方がうまくいかなかったこと、また、英語で質問されてうまく答えられなかったことを聞きました。派遣先の日本語のクラスで英語を使用していることは事前に把握していましたが、特に英語に対する準備はしていませんでした。もちろん、うまくいかなかった理由は、英語だけではありません。また、英語が流暢に話せればうまくいったわけでもありません。ですが、**日本語を教える際に、効果的に英語を使う場面やよく使う英語表現がわかれば、役に立つのではないか**と思うようになりました。また、日本語教育を学ぶ学生の中には、英語を学んでいる学生も多くいるので、学んだ英語を活かす機会にもなります。

　日本語教育を取り巻く環境は多様で、さらに変化を続けています。教師は、環境に合わせて柔軟に対応することが大切です。そのためには、教師もさまざまな引き出しを持っておく必要があります。本書がみなさんの引き出しの一つとなればうれしく思います。

2024 年 3 月

著者一同

もくじ
Contents

学習者からの質問に答える！
文法

授業で使える英語表現

質問をしたいときは、文の最後に「か」を付けます。
You put か at the end of a sentence when you want to make a question.
［位置に関する表現（例）］

「が」は（基本的に）主語を示します。
が basically indicates subject.
［indicate を使った助詞の説明（例）］

「あなた」は失礼に聞こえるので、言うのを避けます。
You avoid saying あなた because it sounds impolite.

日本語では、「その」と「あの」を区別します。
In Japanese, there is a difference between その and あの.

来週、小テストがあります。
We'll have a quiz next week.
［have を使った表現（例）］

		授業で使える英語表現

現場あるある！Column

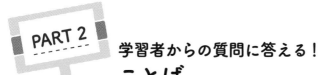

PART 2

学習者からの質問に答える！
ことば

英語と日本語、どう違う？

日本語の構造について

日本語の語彙・文字表記について

日本語の発音について

日本語の待遇表現について

おまけ

お役立ち用語＆表現！

{ 本 書 の 構 成 と 使 い 方 }
本書は主に三つのPARTに分かれています。

 PART 1 学習者からの質問に答える！ **文法**

How to answer questions from learners! - Grammar

　初級の文法項目の中から、英語と日本語に違いがある項目、学習者からよく質問がある項目、使い方に注意が必要な項目を中心に20項目取り上げました。英語で説明するときのパターンや、授業で役立つ英語表現も紹介しています。

▌1ページ目

考えてみよう！①

初級の学習者からよく出てくる文法に関する質問、または、よく見られる誤りが書かれています。まずは、どのように説明したらいいか、考えてみましょう。

考えてみよう！②

英語を日本語に、または、日本語を英語にして、どのような相違点があるか、考えてみましょう。説明を考えるためのヒントにもなります。

2ページ目

答え方のヒント

「考えてみよう！①」の質問にどう答えるか、答え方のヒントをまとめています。**日本語の説明は、できるだけ英語にしやすいような文や表現にしています。**例文は、説明の際にも使うことができます。

3ページ目

英語で言ってみよう！

「答え方のヒント」を英語で説明しています。英語は、同じパターンの構文で説明できるように意識しています。よく出てくる語彙や表現は、キーワードとして抜き出しています。音声も付いているので、音声も聞きながら練習しましょう。（「音声」と「キーワードリスト」はウェブサイトにあります。）

教えるときのポイント

教師が知っておいたほうがいい日本語と英語の違いや、日本語の知識、教える際のポイントをまとめています。

4〜5ページ目

授業で使える英語表現

教えるときに使える英語表現について、教室場面で使う例を挙げながら、説明しています。例を覚えるだけでなく、文のパターンを覚えていくと、応用できるようになります。
（「音声」と「キーワードリスト」はウェブサイトにあります。）

※記号について
to *do*：〈to不定詞〉を表す
doing：〈動詞のing形〉を表す

6 ページ目

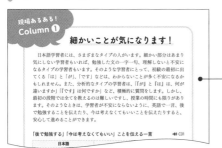

現場あるある！Column
文法や語彙以外のさまざまな学習者の疑問、文化の違いなどをコラムにまとめました。学習者との英語でのQAや、役立つ英語フレーズもまとめています。（「音声」はウェブサイトにあります。）

PART 2 学習者からの質問に答える！ ことば

How to answer questions from learners! - Phrases

　初級の最初のころに学ぶ挨拶や表現の中から、学習者からよく質問がある表現、英語にはない表現、英語では一言で表せない表現、英語と違いがある表現を中心に 12 項目取り上げました。

1 ページ目

初級の学習者からよく出てくる、ことばに関する質問が書かれています。どのように説明したらいいか、考えてみましょう。

答え方のヒント
上の質問にどう答えるか、答え方のヒントをまとめています。**日本語の説明は、できるだけ英語にしやすいような文や表現にしています。** まずは、日本語と英語の違いや、ことばの使われ方を理解しましょう。

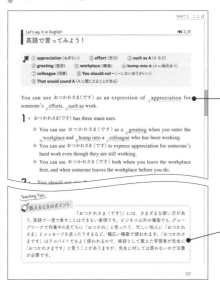

英語で言ってみよう！
「答え方のヒント」を英語で説明しています。そのことばを説明するときによく出てくる語彙や表現は、キーワードとして抜き出しています。音声も付いているので、音声も聞きながら練習しましょう。（「音声」と「キーワードリスト」はウェブサイトにあります。）

教えるときのポイント
教師が知っておいたほうがいい日本語と英語の違いや、日本語の知識、教える際のポイントをまとめています。

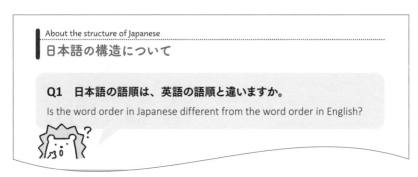

PART 3　英語と日本語、どう違う？

What's the difference between English and Japanese?

　日本語の構造、文字・表記、発音、待遇表現について、学習者からよく質問がある項目、日本語を学ぶ際に知っておくと役立つ項目を中心に取り上げました。そもそも、日本語とはどのような言語なのか、英語と比較しながら整理できるようになっています。

> About the structure of Japanese
> ## 日本語の構造について
>
> **Q1　日本語の語順は、英語の語順と違いますか。**
>
> Is the word order in Japanese different from the word order in English?

🔊 3_01

はい。英語では基本的な語順は、「主語 S ＋動詞 V ＋目的語 O」です。日本語では基本的な語順は、「主語 S ＋目的語 O ＋動詞 V」です。日本語の語順は、英語の語順より柔軟です。

Yes. In English, the basic word order is SUBJECT – VERB – OBJECT or SVO. In Japanese, the basic word order is SUBJECT – OBJECT – VERB or SOV. The word order in Japanese is more flexible than it is in English.

The cat eats fish.

　PART 1、PART 2 に比べて、言語学的な説明が含まれるため、専門用語も多く、英語も少し難しい表現が使われています。まずは、日本語を読んで内容をよく理解してから、英語を確認しましょう。（「音声」はウェブサイトにあります。）

■ おまけ「お役立ち用語＆表現！」

必要に応じて活用してください。（「音声」はウェブサイトにあります。）

・オリエンテーションで使う表現　　　　・教室で使う表現
・教室で使うカタカナ語　　　　　　　・オンライン授業で使う表現
・文法用語

■ 「音声」と「キーワードリスト」について

本書の「音声」と「キーワードリスト」は、下記ウェブサイトにあります。

https://www.9640.jp/books_971
⇒ Password: explanation

音声は、本文にある音声マークの数字に従って再生してください。

PART 1

学習者からの質問に答える！
文法

How to answer questions from learners!
Grammar

About this part

　学習者から出てくる質問で最も多いのは、文法に関することです。日本語と英語では、語順や助詞など、異なる点が多くあります。

　また、文法の中に文化的な違いが隠れていることがあります。日本語では、相手や場面によって表現を変えることが多く、文法的には正しくても失礼に聞こえることもあります。

　PART 1 では、このような学習者からの質問や学習者の誤りについて、日本語と英語の違いをふまえて、簡潔に説明できるように学んでいきましょう。また、説明するときに使う英語のポイントや、英語と日本語の違いについても学んでいきましょう。

Grammar
01 〜です

考えてみよう！

① 「〜は〜です」の勉強をした学習者から、次のような質問がありました。どう答えたらいいですか。

> ### Is です the same as "is"?
>
> 「です」と is は同じですか。

② 英語を日本語にしてください。英語と日本語では何が違いますか。

① I <u>am</u> Harry.

② My major <u>is</u> Japanese.

③ <u>Are</u> you an international student?

ハリーです

答え方のヒント

1 ▶ 「AはBです（A = B）」とA is Bは同じ意味です [1]。

A = B

....

① 私は ハリーです。　　I am Harry.

② 専攻は 日本語です。 My major is Japanese.

③ （あなたは）留学生ですか。　Are you an international student?

---

2 ▶ ですが、「です」と am, is, are などの be 動詞 [2] は、全く同じというわけではありません。「です」は、文法的な機能だけでなく、丁寧さも示します。「です」は、文の終わりの名詞や形容詞のすぐ後ろに付けます。「です」のない文はカジュアルに聞こえます。

A = B

....

① 私は ハリー。　　　I am Harry.

② 専攻は 日本語。　 My major is Japanese.

③ （あなたは）留学生？ Are you an international student?

1：Bが名詞の文を**名詞文**、形容詞の文を**形容詞文**と呼びます。
2：英語の am, is, are などを **be 動詞**と呼び、それ以外の動詞を**一般動詞**と呼びます。

Let's say it in English!　　　　　　　　　　🔊 1_01_1

英語で言ってみよう！

1 ▸ ①A は B です and "A is B" have the same meaning.

2 ▸ But, ②です and be verbs, am/is/are are not exactly the same. です has not only a ③grammatical function, but also ④indicates ⑤politeness. You ⑥put です just after nouns or adjectives at the end of a sentence. ⑦Sentences without です sound casual.

🗝 ① **A and B have the same meaning**（A と B は同じ意味だ）
② **A and B are not exactly the same**（A と B は全く同じというわけではない）
③ **grammatical function**（文法的な機能）　　④ **indicate A**（A を示す）
⑤ **politeness**（丁寧さ）　　⑥ **put A just after B**（A を B のすぐ後ろに付ける）
⑦ **A sound B**（A は B に聞こえる）

Teaching Tips
👉 **教えるときのポイント**

　　　　　　　初級の最初に登場することが多い「A は B です」の文は、一見、シンプルに見えますが、語順、助詞、人称代名詞の使用の有無など英語との違いも多く、全てがわからないと不安になる学習者もいると思います。**Please memorize this sentence pattern now.**（今はこの文のパターンを覚えてください）のように、今覚えるべきこと、今は考えなくてもいいことを英語で一言、うまく伝えられると、学習者も少し安心します（詳しくは p. 20 へ）。

17

授業で使える英語表現

> ### 質問を**したいときは**、文の最後に「か」を付けます。

〈You put A ＋ ［場所］＋ when you want to *do*〉は、「〜したいときは、［場所］にＡを付ける」という意味で、助詞の説明など、文法を説明するときに、よく使います。

◀)) 1_01_2

① You put か at the end of a sentence when you want to make a question.
質問をしたいときは、文の最後に「か」を付けます。

▶ **質問をする make a question**

② You put じゃないです at the end of a word when you want to make a negative sentence.
否定文を作りたいときは、単語の後ろに「じゃないです」を付けます。

▶ **否定文を作る make a negative sentence**

| You put A ＋ ［場所］＋ when you want to *do* |
| ～したいときは、［場所］にＡを付けます |

put の代わりに add を、when の代わりに if を使うこともできます。

③ You can add めっちゃ before adjectives if you want to say things like "very delicious" to your friends.
友だちに very delicious のようなことを言いたいなら、形容詞の前に「めっちゃ」を付けることができます。

▶ **Ａのようなこと things like A**

〈put/add A〉（A を付ける）の他に、〈replace A with B〉（A を B に置き換える）のような表現もあります。また、〈when/if you want to *do*〉の部分は〈to *do*〉とすることができます。

④ You just replace です with じゃないです to make a negative sentence.
否定文を作るには、ただ「です」を「じゃないです」に置き換えます。

▶ ただ〜　just ~

まとめ	
You add A + [場所] + if you want to *do*	
〜したいなら、[場所] にＡを付けます	
You replace A with B to *do*	
〜するには、ＡをＢに置き換えます	

☑ 位置に関する表現（例）

◀⑴ 1_01_3

表現	例文
at the beginning of A A の最初に	The subject comes at the beginning of the sentence. 主語は文の最初にきます。
at the end of A A の最後に	The verb comes at the end of the sentence. 動詞は文の最後にきます。
between A and B A と B の間に	Information such as objects, time, and place come in between the subject and the verb. 目的語、時間、場所などの情報は、主語と動詞の間に入ります。
(just) before A A の（すぐ）前に	The object comes before the verb in SOV language. SOV 言語では、目的語は動詞の前にきます。
(just) after A A の（すぐ）後ろに	You put particles just after the related word. 関連する言葉のすぐ後ろに助詞を付けます。
followed by A その後に A がくる	The subject comes first, followed by the object. 主語が先にきて、その後に目的語がきます。
together with A A と一緒に	You use Japanese numerals together with counters such as 個 or 本 . 日本語の数は、「個」や「本」などの助数詞と一緒に使います。
accompanied by A A と一緒に	You use あります accompanied by が. 「あります」は「が」と一緒に使います。
end with A A で終わる	The sentence ends with the verb or with an adjective or noun plus the copula（ダ or デス.） 文は、動詞もしくは、形容詞または名詞に（ダ / デスといった）コピュラを付けたもので終わります。

細かいことが気になります！

　日本語学習者には、さまざまなタイプの人がいます。細かい部分はあまり気にしない学習者もいれば、勉強した文の一字一句、理解しないと不安になるタイプの学習者もいます。そのような学習者にとって、初級の最初に出てくる「は」と「が」、「です」などは、わからないことが多く不安になるかもしれません。また、分析的なタイプの学習者は、「『が』と『は』は、何が違いますか」「『です』は何ですか」など、積極的に質問をします。しかし、最初の段階では全てを教えるのは難しいですし、授業の時間にも限りがあります。そのようなときは、学習者が不安にならないように、英語で一言、後で勉強することを伝えたり、今は考えなくてもいいことを伝えたりすると、安心して進めることができます。

「後で勉強する」「今は考えなくてもいい」ことを伝える一言　　◀》C01

日本語	英語
後で勉強します。	You will learn it later.
次の章で勉強します。	You will learn it in the next chapter.
今は考えないでください。	Don't think about it now.
今は重要ではありません。	It's not important now.
今はこの文のパターンを覚えてください。	Please memorize this sentence pattern now.
少しずつ勉強します。	You will learn it little by little.

Grammar 02　〜は

Let's think about it!
考えてみよう！

① 動詞の文を勉強した学習者から、次のような質問がありました。
どう答えたらいいですか。

> ## What is は？
> ## Does は indicate subject?
> 「は」は何ですか。「は」は主語を示しますか。

② 日本語を英語にしてください。日本語と英語では何が違いますか。

① <u>週末は</u> いつも 映画を 見ます。

② A：すてきなかばんですね。
　 B：ありがとうございます。
　　　<u>このかばんは</u> 母が 作りました。

③ <u>私は</u> 毎朝 7 時に 起きます。

答え方のヒント

1 ▶「は」は主題（topic）[1]、つまり、話し手が何について話しているかを示します。

> ① 週末**は** いつも 映画を 見ます。
> ‿‿‿
> topic
>
> I usually watch movies on the weekend.

2 ▶「が」は主語（subject）[2] を示します。

> ② A：すてきな かばんですね。
>
>   It's a nice bag.
>
> B：ありがとうございます。このかばん**は** 母**が** 作りました。
>   ‿‿‿‿‿‿‿‿ ‿‿‿‿‿‿‿
>   topic   subject
>
>   Thank you. My mother made this bag.

3 ▶「は」は、主題と主語の両方を示すことがあります。

> ③ 私**は** 毎朝 7 時に 起きます。
> ‿‿‿‿‿‿‿‿‿‿‿
> topic & subject
>
>   I wake up at seven every morning.

🔍 1：「は」のような機能を持つものを**トピックマーカー**と言います。日本語はトピックマーカーを持つ主題優勢の言語ですが、英語はトピックマーカーを持たず、主語優勢の言語と言われています。
　　2：「が」は「ラーメンが 好きです」のように、対象を表す場合があります。

英語で言ってみよう！

1 ▸ は (wa) <u>①indicates</u> the " <u>②topic</u>" - what the speaker is talking about.

2 ▸ が indicates the " <u>③subject</u>."

3 ▸ は (wa) sometimes indicates <u>④both "topic" and "subject."</u>

🔑 ① **indicate A**（A を示す）　　② **topic**（主題）　　③ **subject**（主語）
　 ④ **both A and B**（A と B の両方）

Teaching Tips

👆教えるときのポイント

　　　　　　　　　「は」は、質問の多い項目の一つです。「は」と「が」
の違いが気になる学習者もいますが、ここでは、「は」が主題で、「が」が主語で
あることを伝えれば十分です。それでも気になる学習者には、「**少しずつ勉強し
ます（You will learn it little by little.）**」などと伝えましょう（詳しくは p. 20 へ）。

授業で使える英語表現

「が」は（基本的に）主語を示します。

〈A indicates B〉は、「A は B を示す」という意味で、文法や語彙などの役割や意味を説明するときによく使います。

🔊 1_02_2

① が basically indicates subject.
　　「が」は基本的に主語を示します。

② Adding さ to adjectives indicates an amount. For example, 高さ and 長さ.
　　形容詞に「さ」を付けると、程度を示します。例えば、「高さ」や「長さ」などです。
　　▶ **程度　amount**

> **まとめ**
> A (basically) indicates B
> Aは（基本的に）Bを示します

STEP UP!

　さらに indicate の後に that を付けて、「〜ということを示す」という意味でも使うことができます。

③ えーと indicates that you are choosing something to say.
　　「えーと」は言うことを選んでいることを示します。
　　▶ **言うこと　something to say**

> **まとめ**
> A indicates that S + V 〜
> Aは〜ということを示します

---

indicate と mean の違い

　基本的に同じように使うことができますが、mean は語の説明など、単純な意味を説明するときによく使用されます。indicate は意味だけでなく、含まれた意図も伝えることができ、文法機能の説明や丁寧さの説明などでもよく使用されます。

☑ indicate を使った助詞の説明（例）　　　◀)) 1_02_3

助詞	説明
が （主語）	が indicates the subject of a sentence. 「が」は文の主語を示します。
は （主題）	は indicates the topic of a sentence. 「は」は文の主題を示します。
か （疑問）	か indicates a question at the end of a sentence. 「か」は文末で疑問を示します。
に （場所）	に indicates a location. 「に」は場所を示します。
に （到着点）	に indicates a point of arrival. 「に」は到着点を示します。
に （時間）	に indicates time or frequency. 「に」は時間や頻度を示します。
で （場所）	で indicates the location of an action. 「で」は動作の場所を示します。
で （手段）	で indicates a means or material. 「で」は手段や材料を示します。
の （所有）	の indicates possession. 「の」は所有を示します。
へ （方向）	へ indicates a direction. 「へ」は方向を示します。
を （動作の対象）	を indicates the object of a verb. 「を」は動詞の動作の対象を示します。
を （起点・出発点）	を indicates a point of departure. 「を」は出発点を示します。
を （経路・通過点）	を indicates a route of a movement or motion. 「を」は移動や動作の経路を示します。
から （起点・出発点）	から indicates a starting point in time or place. 「から」は時間や場所の起点を示します。
まで （終点・限度）	まで indicates a limit on time, space or quantity. 「まで」は時間、空間、量の限度を示します。

自己紹介のときは、名字が先？ 名前が先？

自己紹介での自分の名前の言い方について、日本語学習者から「名字（family name）と名前（first name）、両方言ったほうがいいのか」「どちらを先に言ったほうがいいのか」「名字だけ言ったほうがいいのか」など、質問を受けることがあります。これから相手と関係を築いていく上で、自分の名前を伝えることはとても重要です。

ビジネスの場面では、普段は名字だけで挨拶することも多いですが、フォーマルな場面では「田中さとしです」のように、名字も名前も言うと丁寧だと言われています。日本人の大学生の様子を見ると、日本人同士の自己紹介では「名字＋名前」、留学生も交えた活動のときには、下の名前だけを言う学生も多いようです。

日本語学習者の場合は、フォーマルな場面でなければ、「マイケルです」のように、呼んでほしい名前を言うように伝えています。日本人にとっては、外国の人の名前は聞き取りにくく、また、どちらが名字で、どちらが名前か判断するのが難しいためです。フォーマルな場面でフルネームを言う場合も、どちらが名字でどちらが名前かを伝えたり、「〜と呼んでください」と言うように伝えるといいでしょう。

🔊 C02

How should I say my name when I introduce myself?
自己紹介のとき、どのように名前を言えばいいですか。

You usually say the name that you want to be called. In formal business settings, you say your full name. It shows kindness when you tell which is your last name and which is your first name.
普段は、呼ばれたい名前を言います。フォーマルなビジネスの場面では、フルネームを言います。どちらが名字でどちらが名前か伝えると親切です。

あなた

Let's think about it!
考えてみよう！

① ペアでお互いのことを聞く活動中に、ある学習者が次のように言いました。「あなた」の使い方について、どう説明したらいいですか。

> あなたは、何歳ですか。

② 英語を日本語にしてください。英語と日本語では何が違いますか。

① A：What do you like?
　 B：I like anime.

② ＜先生に＞
Are you a Japanese teacher of this program?

③ ＜友だちに＞
How old are you?

④ ＜友だち／先生に＞
Maki-san/Sensei, will you go to
the party tomorrow?

あなた

答え方のヒント

1 ▶ 日本語では、誰について話しているかわかる場合、「私」「あなた」「彼女」のような代名詞をあまり使いません。

---

① A：あなたは 何が 好きですか。

 What do you like?

 B：私は アニメが 好きです。

 I like anime.

---

2 ▶ 失礼に聞こえるため、特に上司や先生など目上の人に「あなた」と言うのは避けます。また、横柄もしくは冷たく聞こえるので、友だちにも「あなた」と言うのは避けます。

---

② ＜先生に＞　　　あなたは このプログラムの日本語の先生ですか。

 Are you a Japanese teacher of this program?

③ ＜友だちに＞　あなたは 何歳？

 How old are you?

---

3 ▶ 誰に話しているかを特定する必要がある場合は、文の最初に「名前＋さん」や「先生」または「部長」などの役職を付けます。相手の名前がわからないときや忘れてしまったときは、アイコンタクトやジェスチャーを使います。

---

④ ＜友だちに＞　まきさん、明日、パーティーに 行く？

 ＜先生に＞　　先生、明日、パーティーに 行きますか。

 Maki-san/Sensei, will you go to the party tomorrow?

英語で言ってみよう！

1 ▸ In Japanese, we don't often use ①<u>pronouns</u> ②<u>like</u> 私, あなた and 彼女 when we know who we're talking about.

2 ▸ You especially ③<u>avoid saying</u> あなた to 目上の人, ④<u>such as</u> bosses and teachers because ⑤<u>it sounds</u> ⑥<u>impolite</u>. You also avoid saying あなた to friends because it sounds ⑦<u>arrogant</u> or cold.

3 ▸ If you need to ⑧<u>specify</u> who you are speaking to, you put the name plus さん or ⑨<u>titles</u> like 先生 or 部長 ⑩<u>at the beginning</u> of the sentence. If you don't know or forget someone's name, use eye contact or gesture.

▸ 目上の人　a person superior in rank or status or older than you, such as bosses and teachers

> ① **pronouns**（代名詞）　② **like A**（A のような）
> ③ **avoid *doing***（〜するのを避ける）　④ **such as A**（A など）
> ⑤ **it sounds A**（A に聞こえる）　⑥ **impolite**（失礼な）　⑦ **arrogant**（横柄な）
> ⑧ **specify**（特定する／限定する）　⑨ **title**（役職）
> ⑩ **at the beginning of A**（A の最初に）

Teaching Tips
教えるときのポイント

　　　　　英語では、主語を明示する必要がありますが、日本語では、明示しない場合が多く、「あなた」のように、明示すると失礼に聞こえたり、冷たく聞こえたりする場合もあります。このような話し手の印象に関わる表現には注意が必要ですが、初級の最初の段階では日本語だけでは説明が難しいこともあります。このようなときに、英語で補足しておくのも一つの方法です。

授業で使える英語表現

> ## 「あなた」**は**失礼に聞こえる**ので、言うのを避けます。**

　説明のとき、どうして言えないのか、理由を一緒に言うと、よりわかりやすくなります。言えない理由として、文法的ではない場合は〈it's not grammatical〉（文法的ではない）、文法的には問題ないが相手に失礼などの印象を与える場合は〈it sounds A〉（A のように聞こえる）などを使います（詳しくは p. 90 へ）。

🔊 1_03_2

① You can't say 私はオーストラリア人と学生です because it's not grammatical.
「私はオーストラリア人と学生です」は文法的ではないので、言うことはできません。

② You avoid saying あなた because it sounds impolite.
「あなた」は失礼に聞こえるので、言うのを避けます。

　▶ **失礼な　impolite**

まとめ	You { don't say / avoid saying / can't say } A because S + V ~
	Aは〜ので、言いません／言うのを避けます／言うことができません

STEP UP!

〈never say〉は、「決して言わない」という意味で、特に強い否定を表します。

③ You never say おまえ to teachers because it sounds impolite.
「おまえ」は失礼に聞こえるので、先生に決して言いません。

おまえ

まとめ	**You never say A because S + V ~**
	Aは〜ので、決して言いません

相手のことを何と呼ぶ？

　アメリカ人の日本語学習者が日本でホームステイを始めたときに、その様子について、いろいろと聞いたことがあります。その学習者はホストファミリーのことを話すときに名前に「さん」を付けて呼んでいたのですが、ホストファミリーに直接話すときは、何と呼べばいいかわからないから、いつも「すみません」と言って会話を始めていたとのことでした。また、留学先で日本語の学習パートナーの呼び方がわからず、名前を呼んだことがないという学習者もいました。

　そこで、授業のときに「パートナーに何と呼べばいいか聞くといい」というアドバイスをしたところ、「そのように教えてもらわなかったら『さん』付けで呼んでいたところだったけれど、パートナーが『ちゃん』付けで呼んでほしいことがわかったから、聞いてよかった」とうれしそうに報告しに来てくれた学習者がいました。

　英語では名前（first name）で呼び合う習慣がありますが、日本語では相手との親しさや場面などによって呼び方が変わるため、学習者にとってはどう呼べばいいのか難しいです。友だちやホストファミリーなどと会ったときには、相手のことを何と呼べばいいか聞くように伝えるといいでしょう。ビジネスの場面では、「名字＋さん」の他、「田中部長」のように役職名を付ける場合があります。会社や組織によっても習慣が異なるので、周りの人に聞いてみるように促すのもいいでしょう。

🔊 C03

What should I call my study partner?
学習パートナーを何と呼べばいいですか。

You should ask your partner 何と呼べばいいですか. If you are not sure if you should add さん, ちゃん or くん, you may want to ask your partner, 〜さんと呼んでもいいですか.
学習パートナーに「何と呼べばいいですか」と聞きましょう。もし「さん」「ちゃん」「くん」を付けるかわからない場合は、パートナーに「〜さんと呼んでもいいですか」のように聞いてみましょう。

自分のことを何と呼ぶ？

アニメやマンガで日本語を勉強した学習者が、自分のことを「俺」や「僕」と呼んでいるのを聞くことがあります。英語では、自分のことを指す言葉（自称詞）は "I" だけですが、日本語では、「わたし」「わたくし」「あたし」「俺」「僕」「自分」など、さまざまなものがあります。どれを使うかは、年齢、性別、場面、その人のキャラクターなどによって変わります。どれを使うか決めるのは話し手自身ですし、決まりはないのですが、自称詞によって印象が変わる場合があるので注意が必要です。

日本語の自称詞 🔊 C04

私 （わたし）	「わたし」は、丁寧な会話でもカジュアルな会話でも、性別に関係なく使います。 わたし is used regardless of gender in both polite and casual conversations.
私 （わたくし）	「わたくし」は、性別に関係なく、フォーマルな場面（面接など）でのみ使います。 わたくし is used in formal settings only (such as interviews) regardless of gender.
あたし	「あたし」は、女性がよく使います。「わたし」よりカジュアルに聞こえます。フォーマルな場面では決して使いません。 あたし is often used by women. It sounds more casual than わたし. It is never used in formal settings.
僕 （ぼく）	「ぼく」は、男性がよく使います。特に若い男性が使うので、どことなく子どもっぽい印象になることがあります。フォーマルな場面では使いません。 ぼく is often used by men. It is especially used by young men, so it can leave a somewhat childish impression. It cannot be used in formal settings.
俺 （おれ）	「おれ」は、男性がよく使います。あらい印象になります。お互いよく知っている人同士で、とてもカジュアルな場面で使います。フォーマルな場面では使いません。 おれ is often used by men. It leaves a rough impression. It is used in very casual settings among men who know each other well. It cannot be used in formal settings.
自分 （じぶん）	「じぶん」は、体育会系の部活など、年齢や地位や序列に大きな違いがある場合に、よく使います。 じぶん is often used when there are big differences in age, status, or rank, such as in sports clubs.

Grammar 04　それ／あれ

考えてみよう！

① 授業のスピーチのときに、ある学習者が次のように言いました。
「あれ」の使い方について、どう説明したらいいですか。

> 私は 箸を 使うのが 好きです。
> 昨日、箸で パスタを 食べました。
> 私の友だちは <u>あれ</u>を 見て、とても 驚きました。

② 英語を日本語にしてください。英語と日本語では何が違いますか。

① A：I heard you ate ウニ at a *sushi* restaurant, B-san, C-san.
　 B：Yes, we did. C-san, <u>it</u> was very tasty, wasn't it?
　 C：Yes! I want to eat <u>it</u> again.
　 A：I want to try <u>it</u>, too!

② ＜授業のスピーチで＞
I like to use chopsticks.
<u>I ate pasta with chopsticks</u> yesterday.
My classmate saw <u>it</u> and was very
surprised.

答え方のヒント

1 ▶「それ」「あれ」には、二つの使い方があります。目に見えるものについて話す場合と、そこにないものについて話す場合です¹。そのルールは異なります。

2 ▶話の中で、話し手も聞き手も知っていることを指すときは、「あれ」を使います。その他の場合は、「それ」を使います²。

---
① A：Bさん、Cさん、お寿司屋さんで <u>ウニ</u>を 食べたそうですね。

   B：はい。Cさん、<u>あれは</u> 本当に おいしかったですね。

   C：はい！ また（<u>あれを</u>）食べたいです。

   A：私も（<u>それを</u>）食べてみたいです！
---

3 ▶ フォーマルなスピーチやプレゼンテーションを行うなら、聞き手が知っていることでも、「あれ」の代わりに、「それ」を使います。

---
② ＜授業のスピーチで＞

   私は 箸を 使うのが 好きです。昨日、箸で パスタを 食べました。

   私のクラスメートは <u>それを</u> 見て、とても 驚きました。

       ~~あれ~~

➕ 1：前者を「**現場指示**」、後者を「**文脈指示**」と言います。
  2：英語では、このような区別がないことも多く、例えば、「その時／あの時」は、どちらも at that time（または then）、「あの人／その人」は、どちらも that person（または the person）ということがあります。

英語で言ってみよう！

1 ▸ それ and あれ have two ①uses: when you talk about things you can see, and when you talk about things that aren't there. The rules are different.

2 ▸ In the speech, when you ②refer to something that ③both listener and speaker know, you use あれ. You use それ ④in other cases.

3 ▸ If you ⑤make a formal speech or presentation, you use それ ⑥instead of あれ ⑦even if the listener knows it.

🔑 ① **uses**（使い方）　② **refer to A**（A を指す）
③ **both A and B**（A と B の両方）　④ **in other cases**（その他の場合）
⑤ **make a formal speech/presentation**（フォーマルなスピーチ／プレゼンテーションを行う）
⑥ **instead of A**（A の代わりに）　⑦ **even if ~**（〜ても）

Teaching Tips
👆教えるときのポイント

　　　　　「文脈指示」の「こ」「そ」「あ」は、きちんと習わないことも多く、特に「そ」とすべきところで「あ」を使う例が目立ちます。相手が知っている場合でも、スピーチで「あれ」を使うと、やはり不自然です。「そ」か「あ」か迷ったら、ストラテジーとして、「あ」を使わず、基本的に「そ」を使うと指導するのも一つの方法です。
　英語では、基本的に、前に述べたことは it で表すことができます。しかし、不可算名詞（数えられない名詞）の場合は some になるなど、どんな名詞かによって変わります。また、前に述べたことが広い範囲を指す場合は、that が用いられます。
例）A：Because it's A-san's birthday tomorrow, we have an all-night *karaoke* party!（明日は A さんの誕生日なので、朝までカラオケパーティーをする予定です！）
　　B：That sounds fun!（それは、いいですね！）

授業で使える英語表現

日本語では、「その」と「あの」を区別します。

　授業では、よく区別に関する質問があります。ここでは、〈there is a difference between A and B〉を使った表現を覚えましょう。

🔊 1_04_2

① In Japanese, there is a difference between その and あの.

日本語では、「その」と「あの」を区別します。

② In English, there is a difference between countable and uncountable nouns, but in Japanese, there isn't.

英語では、可算名詞と不可算名詞を区別しますが、日本語では区別しません。

▶ **可算名詞　countable nouns**　▶ **不可算名詞　uncountable nouns**

> **まとめ**　(In Japanese,) there is a difference between A and B
> （日本語では、）AとBを区別します

STEP UP!

　また、difference（名詞）の品詞を動詞に変えて、〈differentiate between A and B〉を使って説明することもできます。

③ The Japanese language does not differentiate between on and above. You just say 上.

日本語はonとaboveを区別しません。ただ、「上」と言います。

④ You don't have to differentiate between the transitive and intransitive verb at this stage. We will learn them later.

まだこの時点では他動詞と自動詞を区別する必要はありません。後で勉強します。

▶ **他動詞　transitive verb**　▶ **自動詞　intransitive verb**

> **まとめ**　A(言語) does not differentiate between B and C
> A（言語）はBとCを区別しません
>
> You don't have to differentiate between A and B
> AとBを区別する必要はありません

アクティビティの指示は明確に！

　教室で教える場合には、授業中にアクティビティをすることも多いと思います。アクティビティをするときに、指示が明確であることはとても大切です。何をすべきかわからないと、学習者が混乱してしまうので、はっきりさせるための例として以下のような指示が考えられます。

1）英語で指示をする。または、英語で書かれた指示を見せながら、日本語で指示をする。

2）指示をした後、ボランティアを募り、一緒にアクティビティの例を示す。

> Can anyone volunteer to demonstrate an example with me?
> 誰か私と一緒に例をやってもらえませんか。

3）指示がわかったかどうか、学習者に確認する。

> Are these instructions clear? Do you have any questions?
> 指示はわかりましたか。何か質問はありますか。

アクティビティにおける英語の指示（例）　　🔊 C05

日本語	英語
ペアを作ってください。	Please make pairs.
3人グループになってください。	Get into groups of 3.
各グループで（報告する人を）一人、選んでください。	Choose one person in each group (to report).
新しいグループを作ってください。	Make new groups.
会話を続けてください。	Please continue the conversation.
3分間、話してください。	Talk for three minutes.
会話を終わりにしてください。	Let's end the conversation now.
席に戻ってください。	Please return to your seats.

笑いの違い！

　アメリカ人の学生と日本人の学生の間で、誤解が生じたことがあります。日本人の学生が日本語を学ぶアメリカ人の学生に模擬授業をしたときのことです。笑いながら楽しそうに授業が進行されていたように見えたのですが、授業が終わった後、数人のアメリカ人の学生が深刻な顔をして何か話していました。それは、模擬授業をした日本人の学生の笑いに関することでした。

　先生役の日本人の学生は授業の間、緊張を和らげ、楽しい雰囲気を作ろうとして、笑っていたのだと思いますが、一人のアメリカ人の学生は間違えたときに笑われたのだと思い、恥ずかしいと思ったそうです。アメリカでは、人が間違えたときに笑うのは失礼だとも言っていました。先生役の日本人の学生は、間違いを笑ったわけではなかったので、誤解があったことを知ったときには驚いていました。

　文化の違いを考えてもらうちょうどいい機会だと思い、その後の日本語の授業で、おかしいとき以外に笑う場面があるかどうか話し合ったり、「笑顔」「苦笑」「愛想笑い」など、笑いに関連する言葉をどのようなときに使うか考えてもらったりしました。

　笑いに対する考え方は、文化によって異なります。「アメリカ人の学生」と一言で言っても、多様な文化背景を持つ学習者がいるので、クラス内でも違いがあるでしょう。学習者が接する場面において、どのような笑いが見られるか、どうして笑っているのか、考えてみる機会があると、文化の違いに気づくきっかけになるでしょう。

◀)) C06

I was embarrassed because Japanese students laughed at me when I made mistakes.
日本人の学生が私が間違えたときに笑ったので、恥ずかしかったです。

The Japanese students were laughing because they wanted to break the tension and create a fun learning environment. But this led to a misunderstanding. Let's think about laughter in different cultures.
日本人の学生は、学習者の緊張をほぐし、楽しい学習の雰囲気を作ろうとして笑っていました。ですが、これが誤解につながりました。異文化における笑いについて、考えてみましょう。

Grammar 05 　ある／いる

考えてみよう！

① 「あります」「います」を勉強した学習者から、次のような質問がありました。どう答えたらいいですか。

> **Can I say 冷蔵庫に 魚が います?**
> 「冷蔵庫に魚がいます」と言えますか。

② 英語を日本語にしてください。英語と日本語では何が違いますか。

① There are fish in the sea.

② There is some fish in the fridge.

③ There is a shrine in the sea.

答え方のヒント

1 ▶ 日本語では、「いる」を使うと、自由に動ける生き物の存在を表すことができます。「ある」を使うと、生きていないものや、自由に動けない生き物を表すことができます。英語には、これらの区別はありません。

2 ▶ 海の中の魚は生き物で、自由に動くことができるので、「いる」を使います。ですが、普通、冷蔵庫の中の魚は食べ物で、自由に動くことができないので、「ある」を使います。

---

① 海に 魚が います。　　　There are fish in the sea.

② 冷蔵庫に 魚が あります。　There is some fish in the fridge.

③ 海に 神社が あります。　　There is a shrine in the sea.

🔍 「〜に〜があります／います」を**存在文**、「〜は〜にあります／います」を**所在文**と言います。英語と日本語では構文が違い、英語では、存在文の場合は「There is/are」を使いますが、所在文の場合は「be 動詞＋場所」で表します。

　　例）・There is some fish in the fridge.（冷蔵庫に 魚が あります。）　存在文
　　　　・The fish is in the fridge.（その魚は 冷蔵庫に あります。）　所在文

英語で言ってみよう！

1 ▸ In Japanese, when you use いる, you can express the ①existence of ②living things which can ③move freely. When you use ある, you can express the existence of ④non-living things and living things which can't move freely. ⑤There is no distinction between them in English.

2 ▸ The fish in the sea are living things and they can move freely, so you use いる. But, a fish in the fridge is usually food and can't move freely, so you use ある.

🔑 ① **existence**（存在）　② **living things**（生き物）
③ **move freely**（自由に動く）　④ **non-living things**（生きていないもの）
⑤ **There is no distinction**（区別がない）

Teaching Tips
教えるときのポイント

　　　　　　　　　　「あります」と「います」は、質問の多い項目の一つで
す。冷蔵庫の中の魚の例以外にも、植物なども聞かれることがあります。ルール
を覚えてからも誤りの多い項目の一つなので、いろいろな例を挙げながら、学習
者と一緒に考えることができると、印象にも残ります。説明する際は、breath（息
をする）という表現を使用することもできます。
例）If it breathes, you use いる. If it doesn't breathe, you use ある.
　　（息をしていれば、「いる」を使います。息をしていなければ、「ある」を使
　　います。）

授業で使える英語表現

来週、小テスト**があります。**

　日本語の「あります」は、必ずしも英語の there is/are とは対応しません。ここでは、「あります」に対応する英語の動詞の一つとして、have を使った文を練習しましょう。授業や試験があるかないかを言う場合には、よく have が使われます。

🔊 1_05_2

① We'll have a quiz next week.
　来週、小テストがあります。
　▶ **小テスト　quiz**

② We have no school today.
　今日は学校（授業）がありません。

③ You have a final exam next week, so make sure you revise what you have learnt.
　来週、期末試験があるので、学習したことを必ず復習するようにしてください。
　▶ **期末試験　final exam**　　▶ **必ず〜するようにする　make sure ~**　　▶ **復習する　revise**

確実に決まっていることについては、will *do* や be going to *do* を使わず、②や③の have のように「単純現在形」で表すことができます。

STEP UP!

　さらに、have を使った表現を確認しましょう。

④ Does anybody have any ideas?
　誰か、何か考えがありますか。

⑤ You have five minutes left.

（試験が終わるまで）あと5分です。

▶ あと［時間］だ　**You have +［時間］+ left**

⑥ I don't have enough time to explain. I'll talk about it in the next lesson.

説明するのに十分な時間がありません。次回の授業で話します。

▶ 説明する　**explain**　　▶ 〜するのに十分な時間がない　**don't have enough time to** *do*

✓ have を使った表現（例）

◀» 1_05_3

日本語	英語
レッスンを受ける	have a lesson
休む	have a break
試験を受ける	have an exam
インタビューを受ける	have an interview
質問がある	have a question
出張する	have a business trip
休みを取る	have a day off
会議がある	have a meeting
考えがある	have an idea
A に問題がある	have a problem with A
良い1日を！	Have a good day!
良い週末を！	Have a great weekend!
気をつけて行ってらっしゃい！（安全な旅を！）	Have a safe trip!

カタカナ英語は簡単？

カタカナ英語は、英語圏の日本語学習者にとってわかりやすいように思われるかもしれませんが、カタカナの発音がどの英単語から来たものか、推測が難しいことが多くあります。学習者には、自分で声に出して言ってみるように指導したり、絵や写真を見せたり、例を挙げて文脈から推測してもらったりするといいでしょう。また、カタカナ英語のリストを渡して、学習者にペアで意味を推測させたり、地名について、地図アプリなどを使って、どのようにカタカナで表記されているか確認するなどの活動であれば、楽しく違いを学ぶことができます。

英語をカタカナで表記する際、発音通りに書こうとして間違えることがあります。例えば、1 dollar（ドル）のことを「1ダラ」のように書く学習者も見られます。そのため、日本語の慣習的な表記がある場合は、基本的にそれに従って表記するように伝えています。また、もとの英語との意味の違いにも注意が必要です。例えば、英語で stove（ストーブ）はコンロのことを指すため、コンロのことをストーブと言うような例もあります。

日本語の授業で、カタカナ英語の表記の仕方について詳しく扱うことはあまりないかもしれませんが、文化庁の「外来語（カタカナ）表記ガイドライン」[1] を参考に、例えば英語の語尾が「－er」「－or」「－ar」となるときには、長音「ー」で表すなど、基本的な法則について教えておくといいかもしれません。

1「外来語（カタカナ）表記ガイドライン（第3版）」
https://www.bunka.go.jp/seisaku/bunkashingikai/kokugo/kokugo_kadai/iinkai_45/pdf/93390601_09.pdf

🔊 C07

When you write English words in カタカナ, you spell them using the customary Japanese pronunciation and spelling.
英語の言葉をカタカナで書くとき、慣習的な日本語の発音やつづり方を使って書きます。

Grammar 06　N と N ／ 〜て、〜

考えてみよう！

① 「N と N」の勉強をした学習者から、次のような質問がありました。どう答えたらいいですか。

> **Can I say 私はオーストラリア人と学生です?**
>
> 「私はオーストラリア人と学生です」と言えますか。

② 英語を日本語にしてください。英語と日本語では何が違いますか。

　① I like *sushi* <u>and</u> *tempura*.

　② Sam-san is an Australian <u>and</u> a student.

　③ This *tendon* is cheap <u>and</u> delicious.

　④ I bought clothes <u>and</u> had lunch.

答え方のヒント

1 ▶ 「と」は、名詞だけつなぐことができます。

> ① **noun + noun**
>
> 寿司 ＋ 天ぷら
>
> → 寿司<u>と</u>天ぷらが 好きです。
>
> I like *sushi* and *tempura*.

2 ▶ 文をつなぐためには、異なる形（テ形）を使います。英語の and は「と」と必ずしも同じとは限りません。

> ② **noun sentence + noun sentence**
>
> サムさんは オーストラリア人です。 ＋ （サムさんは）学生です。
>
> → サムさんは オーストラリア人<u>で</u>、学生です。
>
> Sam-san is an Australian and a student.
>
> ③ **adjective sentence + adjective sentence**
>
> この天丼は 安いです。 ＋ （この天丼は）おいしいです。
>
> → この天丼は 安く<u>て</u>、おいしいです。
>
> This *tendon* is cheap and delicious.
>
> ④ **verb sentence + verb sentence**
>
> （私は）洋服を 買いました。 ＋ （私は）昼ご飯を 食べました。
>
> → 洋服を 買っ<u>て</u>、昼ご飯を 食べました。
>
> I bought clothes and had lunch.

3 ▶ 文のつなぎ方は、あとで詳しく勉強します。

英語で言ってみよう！

1 ▶ と ①connects nouns only.

2 ▶ You use the different form (テ form) to connect sentences. ②English "and" is not always equal to と.

3 ▶ You will learn ③in detail how to connect sentences later.

🔑 ① **connect A** (A をつなげる)

② **A is not always equal to B** (A は B と必ずしも同じとは限らない)

③ **in detail** (詳しく)

Teaching Tips

👆教えるときのポイント

　　　　英語では、名詞と名詞をつなぐ場合も、文と文をつなぐ場合も、全て and を使います。そのため、名詞と名詞をつなぐ「と」を勉強すると、英語の and と同じだと思い、間違えることがあります。初級の最初の段階では、まず、文と文をつなぐ場合は異なる形を使うこと、それらはあとで勉強することを伝えておきましょう。また、文と文をつなぐテ形を勉強したあとも、間違いが見られます。一度、品詞別につなげ方を整理しておくのもいいでしょう。

授業で使える英語表現

「と」は名詞だけつなげられることに注意してください。

　学習者に「〜に注意してください」と注意を促すときに使う表現を学びましょう。特に気をつけてもらいたいところや、重要であることをわかってもらいたいところでは、〈Note that S + V ~〉というパターンを使うと便利です。

🔊 1_06_2

① Note that と can connect nouns only.
　「と」は名詞だけつなげられることに注意してください。

　note は、動詞で「〜に注意してください」という意味があります。〈Note that in Japanese, S + V ~〉というパターンを使えば、「日本語では、〜することに注意してください」という意味を伝えることができます。

② Note that in Japanese, the verb comes at the end of the sentence.
　日本語では、動詞は文の最後に来ることに注意してください。

③ Note that in Japanese, the order of words in a sentence is flexible, but the verb must always be at the end.
　日本語では、文中の語順は柔軟ですが、動詞は常に最後でなければならないことに注意してください。
　▶ **語順　the order of words**　　▶ **柔軟な　flexible**

④ Note that adjectives in Japanese can be divided into イ adjectives and ナ adjectives.
　日本語の形容詞は、「イ形容詞」と「ナ形容詞」に分けられることに注意してください。
　▶ **AとBに分けられる　can be divided into A and B**

⑤ Note that の in Japanese can indicate possession or a question, or nominalize a verb or verb phrase.

日本語の「の」は、所有や疑問を示したり、動詞や動詞句を名詞化したりできることに注意してください。

▶ **Aを示す　indicate A**　　▶ **所有　possession**　　▶ **Aを名詞化する　nominalize A**
▶ **動詞句　verb phrase**

「日本語の形容詞」のように「日本語の〜」という場合は、Japanese adjectives とするよりも、adjectives in Japanese としたほうが自然な表現になります。

Note that (in Japanese) S + V ~
（日本語では、）〜することに注意してください

学習者との距離感

　アメリカの大学では、教師は学生のことをファーストネームで呼ぶなど、一般的に、日本の大学より学生との距離感は近いと思う人もいるかもしれません。しかし、日本の大学に留学したアメリカ人の学生から、ゼミ（ゼミナール）の先生と日本人の学生が一緒に飲み会に行くことに驚いたという話を聞いたことがあります。その学生は、アメリカの大学では、先生と学生が一緒に飲みに行くことはないと言っていました。また、日本では、個人的な SNS で先生と繋がっていたり、先生とプライベートな話をしたりしている学生もいることに驚いたという話も聞いたことがあります。他にも、日本に留学中の学習者から、学生が先生の前では「名字＋先生」で呼んでいるけれども、先生がいないときには、「さん」付けであったり、ニックネームで呼んだりしていることに少し驚いたという話も聞いたことがあります。

　日本にはゼミがある大学も多く、大学やゼミにもよりますが、先生と学生が一緒に飲みに行くなど、独特の文化があります。そのような場では、プライベートの話も少し多くなるのかもしれません。しかし、アメリカの大学にはこのような文化はなく、そのような習慣に慣れていない学習者は、驚いたり、嫌な気持ちになったりする場合もあるので、注意が必要です。

🔊 C08

Many Japanese universities have ゼミ, or seminars. Around 10 students study or research subjects close to the professor's area. It depends on the seminar of course, but professors and students sometimes hold parties (including drinking parties) and training camps. You may feel that Japanese students and professors have close relationships.

多くの日本の大学にはゼミがあります。10 人ほどの学生が、教授の分野に近いテーマを研究します。もちろんゼミによりますが、教授と学生がときどき（飲み会も含めて）食事会や合宿をします。日本の学生と教授は、距離が近いと感じるかもしれません。

Grammar 07 イ形容詞／ナ形容詞

考えてみよう！

① ある学習者が次のように、形容詞の活用を間違えていました。どう説明したらいいですか。

> この本は、とても <u>おもしろいでした</u>。

② 英語を日本語にしてください。英語と日本語では何が違いますか。

① I read a very <u>interesting</u> book.

② I bought a <u>convenient</u> guidebook.

③ This book <u>is</u> very <u>interesting</u>.

④ This book <u>was</u> very <u>interesting</u>.

⑤ This guidebook is very <u>convenient</u>.

⑥ This guidebook <u>was</u> very <u>convenient</u>.

⑦ Her room <u>was</u> very <u>clean</u>.

答え方のヒント

1 ▶ 日本語の形容詞には、二つの種類があります。イ形容詞とナ形容詞です。イ形容詞は、辞書形[1]のときと名詞を修飾するときに、「イ」で終わります。ナ形容詞は、辞書形では「ナ」で終わりません（めったに「イ」でも終わりません）。名詞を修飾するときは、「ナ」で終わります。

> ① とても おもしろい本を 読みました。 I read a very interesting book.
>
> ② 便利なガイドブックを 買いました。 I bought a convenient guidebook.

2 ▶ イ形容詞とナ形容詞は、否定形や過去形を作るとき、違う活用をします。

> ③ この本は とても おもしろいです。
>
> This book is very interesting.
>
> ④ この本は とても おもしろかったです。
>
> This book was very interesting.
>
> ⑤ このガイドブックは とても 便利です。
>
> This guidebook is very convenient.
>
> ⑥ このガイドブックは とても 便利でした。
>
> This guidebook was very convenient.

3 ▶ 「ゆうめい」「きれい」「きらい」「ていねい」などは、辞書形では「イ」で終わりますが、ナ形容詞なので、注意してください。

> ⑦ 彼女の部屋は とても きれいでした。
>
> ~~きれかったです~~
>
> Her room was very clean.

🔍 1：辞書に載っている形です。ナ形容詞の辞書形は、教科書や研究によって、説明が異なる場合があります。

英語で言ってみよう！

1 ▶ There are two types of ①adjectives in Japanese: イ adjectives and ナ adjectives. イ adjectives ②end with イ in the ③dictionary form and when ④modifying nouns. ナ adjectives do not end with ナ (and ⑤rarely end with イ) in the dictionary form. They end with ナ when modifying nouns.

2 ▶ イ adjectives and ナ adjectives ⑥conjugate differently when making ⑦negative forms and ⑧past forms.

3 ▶ Please ⑨note that ゆうめい、きれい、きらい and ていねい end with イ in the dictionary form but they are ナ adjectives.

🔑 ① **adjective**（形容詞）　② **end with A**（A で終わる）
③ **dictionary form**（辞書形）　④ **modify A**（A を修飾する）
⑤ **rarely ~**（めったに〜ない）　⑥ **conjugate**（活用する）
⑦ **negative form**（否定形）　⑧ **past form**（過去形）
⑨ **note that ~**（〜に注意してください）

Teaching Tips

👆教えるときのポイント

　　　　　　　　　イ形容詞、ナ形容詞は、英語にはない区別で、特に活用の間違いが多く見られます。まずは、二つの形容詞の基本的な違いを理解することが重要です。特にイで終わるナ形容詞（ゆうめい、きれい、きらい、ていねい、しつれい、しんぱい、など）は、一覧にするなどして、意識させるようにしましょう。

　形容詞には「楽しい」「悲しい」など、気持ちを表す**感情形容詞**と、「大きい」「静かな」など、人や事物の性質を表す**属性形容詞**があります。形容詞を使うと、自分の気持ちを表現できるようになります。「なつかしい」など日本語にしかない表現や、「濃いコーヒー（strong coffee）」など、使い方の異なる表現に注目させてもいいでしょう。

授業で使える英語表現

どちらの表現も正しいです。

　例えば、学習者から「昨日、私は、学校に行きました」と「私は、昨日、学校に行きました」のどちらの順番が正しいかと質問をされ、「どちらも正しいです」と答える場面があると思います。そのようなときには、〈Both A (複数形) are correct〉を使って説明します。

◀)) 1_07_2

① Both expressions are correct.
どちらの表現も正しいです。

② Both sentences are grammatically correct, but the second one sounds more natural.
どちらの文も文法的に正しいですが、二つ目の方がより自然に聞こえます。

▶ **文法的に** grammatically　　▶ **二つ目** the second one
▶ **より自然** more natural

Both A（複数形）are correct
どちらのA（複数形）も正しいです

　また、〈You can use both A and B〉と言うと「AもBも使うことができます」という意味を伝えることができます。

③ You can use both ありがとう and どうも to say "thank you" in Japanese, but the second one is more casual.
日本語でthank youを言うのに、「ありがとう」も「どうも」も使えますが、二つ目は、よりカジュアルです。

▶ **よりカジュアル** more casual

④ You can use both はい and ええ to say "yes" in Japanese, but the second one is more formal.

日本語でyesを言うのに、「はい」も「ええ」も使えますが、二つ目は、よりフォーマルです。

▶ よりフォーマル　more formal

 You can use both A and B
AもBも使うことができます

　both は基本的に「二つ、両方とも」と言う場合に使います。「全て」の場合は、all を使って言います。

⑤ All the expressions are correct.
全ての表現は正しいです。

 All A（複数形）are correct
全てのA（複数形）は正しいです

STEP UP!

　both の代わりに either を使うこともできます。「A も B も」と言いたいときは、〈either A or B〉のように、or を使います。

⑥ Either expression is correct.
どちらの表現も正しいです。

⑦ You can use either ありがとう or どうも to say "thank you" in Japanese, but the second one is more casual.

日本語でthank youを言うのに、「ありがとう」も「どうも」も使えますが、二つ目は、よりカジュアルです。

⑧ You don't use either あなた or おまえ with teachers.
先生に「あなた」も「おまえ」も使いません。

⑨ You don't use either of the two words.
この二つの語のどちらも使いません。

まとめ	
Either A（単数形）is correct	
どちらのＡ（単数形）も正しいです	
You can use either A or B	
ＡもＢも使うことができます	
You don't use either of A	
Ａのどちらも使いません	

Grammar 08　動詞の未来の形

考えてみよう！

① 「でしょう」を勉強した学習者が、先生の質問に対し、次のように
答えました。どう説明したらいいですか。

> 先生：ハリーさん、いつ 教科書を 買いますか。
> ハリー：明日、買うでしょう。

② 英語を日本語にしてください。英語と日本語では何が違いますか。

① It will rain tomorrow.

② I will buy a textbook tomorrow.

③ I am in Yokohama now.

④ There is going to be a meeting tomorrow.

⑤ I'm watching a movie tonight.

⑥ I will call you later.

答え方のヒント

1 ▶ 「でしょう」は、推量をするときに使い、よく will と訳されます。ですが、英語の will はたくさんの意味があり、人の意志も示すことができます。一方、「でしょう」は、（意志を表すことが）できません。

> ① 明日、雨が 降るでしょう。　It will rain tomorrow.
> ② 明日、教科書を 買います。　I will buy a textbook tomorrow.
> 　　　　~~買うでしょう~~

2 ▶ 日本語には、「過去」か「非過去」かの2種類の動詞の時制（テンス）のみあります。「います」「あります」[1] の非過去は、現在と未来の両方のテンスを表すことができます。

> ③ 今、横浜に います。　I am in Yokohama now.
> ④ 明日、会議が あります。　There is going to be a meeting tomorrow.

3 ▶ 動作動詞[2] の非過去は、基本的に未来のことを表します。動作動詞の非過去は、人の意志も表すことができます[3]。

> ⑤ 今日の夜、映画を 見ます。　I'm watching a movie tonight.
> ⑥ あとで 電話します。　I will call you later.

🔍 1：日本語では、「います」「あります」などの状態を表す動詞を**状態動詞**と言います。
　　2：日本語では、「見ます」「電話します」など、動きのある動詞を**動作動詞**、または**動き動詞**と言います。
　　3：非過去は、習慣も表します。
　　　例）毎朝、7時に 起きます。

英語で言ってみよう！

1 ▸ You use でしょう when ①making a guess, which is often ②translated into "will." In English, however, "will" has many meanings and can also ③indicate ④a person's intention. ⑤On the other hand, でしょう can't.

2 ▸ Japanese has only two verb ⑥tenses, "⑦past" or "⑧non-past." The non-past tense of います and あります can express both the ⑨present and the ⑩future tense.

3 ▸ The non-past tense of ⑪action verbs basically expresses the future. It can also express a person's intention.

🔑 ① **make a guess**（推量する）　② **translated into A**（A に訳される）
③ **indicate A**（A を示す）　④ **a person's intention**（人の意志）
⑤ **on the other hand**（一方）　⑥ **tense**（時制／テンス）
⑦ **past**（過去）　⑧ **non-past**（非過去）　⑨ **present**（現在）
⑩ **future**（未来）　⑪ **action verbs**（動作動詞）

Teaching Tips

👉 教えるときのポイント

　　　　　　　日本語と英語では未来の表し方が異なります。英語では、be going to *do*, will *do* などさまざまな表現を用いて未来を表しますが、日本語では、基本的に非過去を使って未来を表します。未来の表現に関して、初級の最初は、誤りは多くないかもしれませんが、推量の「でしょう」を習うと、「will ＝ でしょう」と思い、意志を示す場合にも「でしょう」を使うケースが見られます。同様に、「つもり」を習うと、「be going to ＝ つもりです」と思い、多用したりするなど、誤りも見られます。一度、日本語と英語の相違点を整理しておくと、理解が深まります。

授業で使える英語表現

これから、コピーを配ります。

ここでは、どのようなときに〈be going to *do*〉と〈will *do*〉を使えばいいのかについて確認していきましょう。

◀)) 1_08_2

be going to *do*

前もって予定していたことについて言う場合は、〈be going to *do*〉を使います。

① I am going to hand out some copies.
これから、コピーを配ります。
▶ **A を配る　hand out A**

② I am going to hand out the syllabus for this class.
これから、このクラスのシラバスを配ります。
▶ **シラバス（授業計画）　syllabus**

③ I am going to hand out worksheets. Please take one and pass them on.
これから、ワークシートを配ります。1枚取ったら他の人に回してください。
▶ **1 枚取って、（他の人に）回す　take one and pass them on**

will *do*

話し手の現時点での判断を表す場合は、〈will *do*〉を使います。例えば、⑤のように、時間もなくなってきたので質問は「あと一つ」と決めた場合や、⑥のように、授業の状況から、テストをしようと今、判断して伝える場合などに使います。

④ I will read the passage twice.
この文章を2回読みます。
▶ **文章　passage**

⑤ I will only take one more question.
あと一つだけ質問を受け付けます。

⑥ We will now have a quiz.
では、小テストをしましょう。
▶ 小テストをする　have a quiz

I would like to ask you to *do*

「～してもらいたいと思います」のように、相手にやってもらいたいことをやんわり伝えたい場合に使います。

⑦ I would like to ask you to make a sentence using this word.
この単語を使った文を作ってもらいたいと思います。
▶ 文を作る　make a sentence

⑧ I would like to ask you to rewrite this paper more clearly.
このレポートをもう少し明確に書き直してもらいたいと思います。
▶ 書き直す　rewrite　　▶ レポート　paper　　▶ もう少し明確に　more clearly

発表者はどう決める？

　アメリカの大学の日本語クラスで、日本人の実習生が模擬授業をしたときのことです。一人ずつ前に出てきて発表してもらおうとしましたが、学習者が緊張して前に出て来ないということがありました。そのため、実習生からアメリカの学校では先生が生徒を指名することはないのかという質問がありました。

　そこで、アメリカ人の学習者に、高校や大学のクラスで先生が生徒を指名するかどうか聞いてみたところ、クラスや先生にもよりますが、最初にボランティアでやってくれる生徒を探して、ボランティアがいなかったり、いつも決まった生徒だけ挙手する場合には、指名していたとのことでした。中には、高校では手を挙げる生徒が多くて、先生が指名することはなかったと言う学習者もいました。

　日本語クラスでも、挙手する学習者がいなかったり、発表者が偏ったりする場合があります。また、急に当てられたり、発表を求められたりすると、緊張する学習者もいます。そのようなときは、例えば、アクティブラーニングの技法の一つである「Think-Pair-Share」を使うと、クラスで発表する前に、考えたり答えを準備したりする時間を取ることができます。

　間違いを恐れずに発表できる雰囲気を作ることも大切です。もし間違えても、I like your mistake because other students make that mistake, too. So, this is helpful.（その間違い、気に入ったよ。他の人も同じ間違いをするから、とても役立つよ）と伝えるなど、恥ずかしい気持ちにさせない工夫が大切です。

Think-Pair-Share　🔊 C09

1）Think 与えられたテーマや質問についての回答を個人で考える	テーマ「週末に行ってみたい場所について話す」 You are studying abroad in Tokyo. Where will you go this weekend with your friend? Before you discuss, write down some ideas. 東京に留学しています。週末、友だちとどこに行きますか。話し合う前に、アイデアを書いてください。
2）Pair ペアで回答を比べて話し合う	Now talk with your friend and decide where you will go together and why. 友だちと話して、どこに一緒に行くのか、どうしてか、決めてください。
3）Share クラスで発表し、共有する	Share with the class. Tell the class where you and your friend will go and why. クラスで共有しましょう。どこに行くのか、どうしてか、話してください。

Grammar 09　動詞のテ形

考えてみよう！

① 「動詞のテ形」を覚えた学習者が、次のように、活用の仕方を間違えていました。どう説明したらいいですか。

> ハリーさんは、赤いシャツを 着<u>って</u>いる人です。

② 英語を日本語にしてください。英語と日本語では何が違いますか。

① I <u>go</u> to the library and read books every morning.

② I <u>watched</u> a movie and had dinner.

③ Do you <u>know</u> Harry-san?

④ Harry-san is the person who <u>is wearing</u> the red shirt.

⑤ Tanaka-san is the person who <u>is cutting</u> fish.

答え方のヒント

1 ▶ 例えば、「行く」「読む」など、辞書形で「u」で終わる動詞を u-verb また は 1 グループと呼びます。例えば、「食べる」「見る」など、辞書形で「ru」 で終わる動詞を ru-verb または 2 グループと呼びます。

---

① 毎朝、図書館へ<u>行って</u>、本を読みます。

I go to the library and read books every morning.

② 映画を<u>見て</u>、夕飯を食べました。

I watched a movie and had dinner.

u-verbs (Group 1)　　　　　**ru-verbs (Group 2)**

行く iku　読む yom<u>u</u>　　　　食べる tab<u>eru</u>　見る m<u>iru</u>

---

2 ▶ 例えば、「切る」「走る」「知る」「帰る」など、「ru」で終わる u-verb （1 グループ）があります。

---

③ ハリーさんを<u>知って</u>いますか。

Do you know Harry-san?

「ru」で終わる u-verbs (Group 1)

切る k<u>iru</u>　走る hash<u>iru</u>　知る sh<u>iru</u>　帰る kae<u>ru</u>

---

3 ▶ 「着る」は ru-verb （2 グループ）ですが、「切る」は u-verb （1 グループ） です。動詞のグループによって活用が変わることに注意してください。

---

④ ハリーさんは、赤いシャツを <u>着ている</u>人です。**ru-verbs (Group 2)**

Harry-san is the person who is wearing the red shirt.

⑤ 田中さんは、魚を <u>切っている</u>人です。　　　　**u-verbs (Group 1)**

Tanaka-san is the person who is cutting fish.

Let's say it in English!　　　　　　　　　　　　　　◀)) 1_09_1

英語で言ってみよう！

1 ▸ Verbs that <u>end with</u> "u" in <u>dictionary form</u> are called "u-verbs" or
①　　　　　　　②
Group 1, for example 行く and 読む. Verbs that end with "ru" in dictionary
form are called "ru-verbs" or Group 2, for example, 食べる and 見る.

2 ▸ There are u-verbs that end with "ru", for example, 切る, 走る, 知る and 帰る.

3 ▸ 着る or to wear, is a ru-verb, but 切る or to cut, is an u-verb. <u>Note that</u>
③
<u>conjugations</u> change <u>depending on</u> the verb groups.
④　　　　　　　⑤

🔑 ① **end with A**（A で終わる）　② **dictionary form**（辞書形）
③ **note that ~**（～に注意してください）
④ **conjugations**（活用）　⑤ **depending on A**（A によって）

Teaching Tips

👆教えるときのポイント

　　　　　　テ形の間違いの一つに、1、2グループの混同があり
ます。「る」で終わる1グループの動詞は特に混乱しやすいので、注意が必要で
す。

授業で使える英語表現

> # 「る」を取って、「て」を付けます。

　日本語の授業では、活用の仕方を説明する機会が多くあります。ここでは、テ形を作る言い方を例に、便利な表現を学びましょう。

〈change A to B〉を使うと「A を B に変える」という意味になります。

🔊 1_09_2

① Change る to て. Then, you can say みて.
「る」を「て」に変えてください。
そうすれば、「みて」と言うことができます。

ru-verbs (Group 2)
み<u>る</u> → み<u>て</u>

　change の代わりに drop、erase や add を使うと、さらに細かく説明することができます。

② To make the テ form of Group 2 verbs, drop る and add て.
2グループの動詞のテ形を作るには、「る」を取って、「て」を付けます。

③ To make the テ form of Group 1 verbs which end with う,
つ or る, erase the う, つ or る and add って.
「う」「つ」「る」で終わる1グループの動詞のテ形を作るには、「う」「つ」「る」を取って、「って」を付けます。

u-verbs (Group 1)
い<u>う</u> → い<u>って</u>
ま<u>つ</u> → ま<u>って</u>
と<u>る</u> → と<u>って</u>

〈replace A with B〉（A を B に入れ替える）を使って、説明することもできます。

④ To make the テ form of Group 1 verbs which end with
む, ぬ or ぶ, replace む, ぬ or ぶ with んで.
「む」「ぬ」「ぶ」で終わる1グループの動詞のテ形を作るには、「む」「ぬ」「ぶ」を「んで」に入れ替えます。

u-verbs (Group 1)
の<u>む</u> → の<u>んで</u>
し<u>ぬ</u> → し<u>んで</u>
と<u>ぶ</u> → と<u>んで</u>

〈A becomes B〉は、「A は B になります」という意味として使うことができます。

⑤　する and くる are irregular verbs. Both verbs end with る. However, they conjugate differently. する becomes して. くる becomes きて.

irregular verbs (Group 3)
する　→　して
くる　→　きて

「する」と「くる」は、不規則な動詞です。どちらの動詞も「る」で終わります。ですが、活用は異なります。「する」は「して」になります。「くる」は「きて」になります。

▶ 活用する　conjugate

☑ 活用の説明で使える表現（例）　　　🔊 1_09_3

表現	例文
change A to B A を B に変える	Change the last い to かったです to make past tense forms of イ adjectives. イ形容詞の過去形を作るには、最後の「い」を「かったです」に変えてください。
conjugates like A A のように活用する	Note that ない conjugates like イ adjectives. 「ない」は、イ形容詞のように活用することに注意してください。
remove A A を取る／取り除く	Remove ます and add たい. 「ます」を取って、「たい」を加えてください。
drop A A を取る／落とす	Drop the final る and add ない to make negative plain forms of ru-verbs. ru-verbs の否定の普通形を作るには、最後の「る」を取って「ない」を加えてください。
add A A を加える／付ける	You just add です to イ adjectives to make affirmative present tense sentences. 現在形の肯定文を作るには、イ形容詞に、ただ「です」を加えます。
replace A with B A を B に入れ替える	Replace です with でした to make past tense forms of ナ adjectives. ナ形容詞の過去形を作るには、「です」を「でした」に入れ替えてください。
the verbs which end with A A で終わる動詞	To make the テ forms of Group 1 verbs which end with ぐ, replace ぐ with いで. 「ぐ」で終わる 1 グループの動詞のテ形を作るには、「ぐ」を「いで」に入れ替えてください。
A becomes B A は B になる	勉強する becomes 勉強して. 「勉強する」は「勉強して」になります。

うんうん／確かに

　英語母語話者と英語で話をしていると、何も言わずにじっとこちらの話を聞いているので不安になることがあります。日本語では、「はい」「確かに」「そうなんですね」「ほんとに？」など、話の途中で相づちを打ったり、相手の話を繰り返したりするなど、相手の発言に積極的に反応します。そのため、英語で話しているときも、つい相手が話している途中に "yes" "really" "I see" などを多用してしまうことがあります。

　日本語と英語では、会話の進め方のタイプが異なり、日本語は、話し手と聞き手が一体となって話を進める**共話型**と言われています。話の途中でも、聞き手は積極的に反応をし、一緒に話を完成させます。一方、英語は、話し手が一人で話し終わったところで、聞き手が反応を示す**対話型**と言われています。聞き手が途中で話に割り込むことはあまりしません。割り込みすぎると、相手が急かされているように感じる場合もあります。

　日本語にはさまざまな相づちがあり、場面や相手によって使われる相づちが異なります。ビジネスの場面では「へー」「なるほど」などのシンプルな相づちから、「さすがですね」「勉強になります」など相手を立てる表現もいいとされます。大学生の会話では、「うんうん」「確かに」などが使われているのをよく耳にします。このような相づちを打つことで、相手への共感を示し、円滑なコミュニケーションを図っているのだと思います。

🔊 C10

In Japanese conversations, speakers and listeners cooperate to move the conversation forward. Listeners don't just listen. They often play an active role. While someone is telling a story or giving a long explanation, listeners often use 相づち (short interjections) to show their interest and comprehension.

日本語の会話では、話し手と聞き手は協力して会話を進めます。聞き手は聞いているだけではありません。積極的な働きをします。誰かが話をしたり、長い説明をしたりしている間、興味を持っていることや理解を示すために、聞き手はよく相づち（短い感動詞）をします。

Grammar 10 ～ている

Let's think about it!

考えてみよう！

① 「住みます」を勉強した学習者が、次のように間違えていました。
どう説明したらいいですか。

> 今、どこに <u>住みますか</u>。

② 英語を日本語にしてください。英語と日本語では何が違いますか。

① I <u>live</u> in Tokyo.

② I'<u>m reading</u> a book now.

③ Tanaka-san <u>is married</u>.

④ This clock <u>is broken</u>.

⑤ I <u>study</u> Japanese at the library
<u>every day</u>.

答え方のヒント

1 ▸ 「住みます」「知ります」「持ちます」などの動詞は、現在の状態を示すのに、普通、「ています」を一緒に使います。

---

① 東京に 住んでいます。

I live in Tokyo.

---

2 ▸ 「ています」は、進行以外にも、いくつかの意味があります。「結婚します」「壊れます」「閉まります」などの変化動詞[1]と「ています」を一緒に使うと、変化の結果を表すことができます。「ています」を使って、例えば、「毎日、図書館で日本語を勉強しています」など、習慣的な行動も表すことができます。

---

② 今、本を 読んでいます。(= ongoing action)

I'm reading a book now.

③ 田中さんは、結婚しています。(= the result of a change)

Tanaka-san is married.

④ この時計は、壊れています。(= the result of a change)

This clock is broken.

⑤ 毎日、図書館で 日本語を 勉強しています。(= habitual activities)

I study Japanese at the library every day.

---

[1]：**変化動詞**には、他に「わかります」「座ります」「起きます」などがあります。

Let's say it in English!　　　　　　　　　　　　　　◀)) 1_10_1

英語で言ってみよう！

1 ▸ You usually use ています with verbs ①such as 住みます, 知ります and 持ちます to ②indicate the ③present state.

2 ▸ ています has several meanings ④other than ⑤ongoing action. If you use ています with ⑥change verbs such as 結婚します, 壊れます and 閉まります, you can express the ⑦result of a change. You can also express ⑧habitual activities by using ています, for example 毎日、図書館で日本語を勉強しています.

🔑 ① **such as A** (A など)　　② **indicate A** (A を示す)
　　③ **present state** (現在の状態)　　④ **other than A** (A 以外)
　　⑤ **ongoing action** (進行)　　⑥ **change verbs** (変化動詞)
　　⑦ **result** (結果)　　⑧ **habitual activities** (習慣的な行動)

Teaching Tips

👆教えるときのポイント
　　　　　　　　　　「ています」と「be *doing*（進行形）」には、さまざまな違いがあります。英語の know, have, live は、通常、進行形にはしませんし、習慣を表すときも、通常、進行形を使いません。英語では、基本的に「動作の途中」に焦点を当てるときに進行形が使われます。「壊れています」というのは動作の進行中を表さないので、進行形にすることはできません。このように違いが多いため、「ています」を付けないといけない場面で付けないなど、さまざまな誤用が見られます。

授業で使える英語表現

教科書を持っ**ていますか。**

　英語では、run（走る）や write（書く）など動作を表す「動作動詞」は、進行形〈be *doing*〉にすることができますが、live（住んでいる）、know（知っている）、have（持っている）などの「状態動詞」は進行形にしないという基本的なルールがあります。ここでは、〈be *doing*〉で言えないものとして、have, know, remember を使った表現を学びましょう。下の例のように日本語ではテ形を使いますが、英語では進行形にしないので注意しましょう。

🔊 1_10_2

have

　教科書やプリントを持っているか、活動中にカードを持っているかなど確認するときに使います。

① Do you have your textbook?
　教科書を持っていますか。

② You have six cards.
　カードを6枚持っています。

know

　〈Do you know how to *do*〉で、「～の仕方を知っていますか」という質問をすることができます。

③ Do you know how to read this 漢字?
　この漢字の読み方を知っていますか。

72

④ Do you know how to pronounce this 漢字?

この漢字の発音の仕方を知っていますか。

▶ 発音する　pronounce

 まとめ

Do you know how to *do*?
〜の仕方を知っていますか

remember

〈remember A〉または〈remember how to *do*〉を使って、勉強したことを覚えているか、確認することができます。

⑤ Do you remember the meaning of this 漢字?

この漢字の意味を覚えていますか。

▶ A の意味　the meaning of A

⑥ Do you remember how to introduce yourself in Japanese?

日本語の自己紹介の仕方を覚えていますか。

▶ 自己紹介する　introduce oneself

remember の後に〈what S + V（過去形）〉を付けると、「〜たことを覚えていますか」という質問をすることができます。

⑦ Do you remember what we studied last time?

前回勉強したことを覚えていますか。

▶ 前回　last time

 まとめ

Do you remember	A?
	how to *do*?
A ／〜の仕方を覚えていますか	
Do you remember what S + V（過去形）〜?	
〜たことを覚えていますか	

くしゃみをした人に何と言う？

くしゃみをしたとき、日本語で何と言うか、質問されることがあります。英語では Bless you. と声をかけますが、日本語では、何も言わないことが多いです。もし友だちが何回もくしゃみをしていたら、「大丈夫？」と声をかけることがあるかもしれません。また、別れ際に、英語では Have a nice day. という表現をよく使いますが、それを日本語でどうしても言いたいという学習者がいました。近い言葉で言うとしたら「よい一日を」ですが、やや固い表現ですし、旅行や特別な日でないと、使わないと思います。Have a nice day. のように英語では言うけれども、日本語では言わない場合、学習者は、何か言いたくて歯がゆい気持ちになるようです。

反対のケースもあります。日本語ではご飯を食べるときは「いただきます」、食べ終わったら「ごちそうさまでした」と言いますが、英語では決まった表現はありません。また、日本語では、家を出る人には「行ってらっしゃい」、帰ってきた人には「おかえりなさい」と言いますが、英語に同じ表現はありません。

決まり文句の背景には、その国の文化が隠れていることがあります。例えば、「行ってらっしゃい」は「行く」と「来る」が入った表現で、「無事に行って、戻ってきてください」という意味が込められています。どのような場面でどのような言葉を使っているのか、観察してみるとおもしろいと思います。

🔊 C11

What should I say in Japanese when someone sneezes?
誰かがくしゃみをしたとき、何と言えばいいですか。

Nothing. If the sneezing continues, you might say 大丈夫? to show concern.
何も言いません。もし、くしゃみが続いたら、「大丈夫？」と言って、心配していることを示してもいいでしょう。

Grammar 11　に／で

Let's think about it!
考えてみよう！

① 助詞の「に」と「で」を勉強した学習者が、次のように間違えていました。どう説明したらいいですか。

> ・日本に　働きたいです。
> ・ホテルで　泊まっています。
> ・ホテルに　パーティーがあります。

② 英語を日本語にしてください。英語と日本語では何が違いますか。

① I live in Osaka.

② I'm staying at a hotel.

③ I'd like to work in Japan.

④ I will eat dinner at home.

⑤ There will be a party at a hotel tomorrow.

答え方のヒント

1 ▸ 「に」または「で」は、場所を示すのに使います。「に」は存在を示すのに使います。存在を示す動詞は、「います」「あります」だけでなく、「住みます」「泊まります」などの動詞も含みます。

① 大阪に 住んでいます。

I live in Osaka.

② ホテルに 泊まっています。

I'm staying at a hotel.

2 ▸ 「で」は、動作やイベントが行われる場所を示すのに使います。パーティーはイベントなので、「あります」が使われていても、「で」を使います。

③ 日本で 働きたいです。

I'd like to work in Japan.

④ 家で 晩ご飯を 食べます。

I will eat dinner at home.

⑤ 明日、ホテルで パーティーが あります。

There will be a party at a hotel tomorrow.

英語で言ってみよう！

1 ▶ You use に or で to ①<u>indicate</u> ②<u>location</u>. You use に to indicate location of "③<u>existence</u>." Verbs that indicate existence ④<u>include</u> not only います and あります but also verbs ⑤<u>such as</u> 住みます and 泊まります.

2 ▶ You use で to indicate the location where an ⑥<u>activity</u> or an event ⑦<u>takes place</u>. Because a party is an event, you use で ⑧<u>even though</u> あります is used.

🔑 ① **indicate A**（A を示す）　② **location**（場所）　③ **existence**（存在）

④ **include A**（A を含む）　⑤ **such as A**（A など）　⑥ **activity**（動作）

⑦ **A takes place**（A が行われる）　⑧ **even though ~**（～ても）

Teaching Tips

👆教えるときのポイント

　　　　　　「に」と「で」は間違いの多い助詞の一つです。「あります」「います」以外の動詞で「に」を使う場合は、特に混乱しやすいので、注意が必要です。

　英語で場所を示すときは、in や at を使いますが、「に」と「で」のルールとは異なり、in は空間が意識される場所を示すときに使われるのに対し、at はピンポイントで場所を示すときに使われます（詳しくは p.78 へ）。

授業で使える英語表現

昼休みは、いつもオフィス**に**います。

英語で場所を示すときは、〈in または at + [場所]〉を使用します。ここでは、どのように in と at を区別するのか、基本的な違いを学びましょう。

◀))) 1_11_2

in + [場所]

ある特定の空間内で何かを行う場合は、in が使われます。①～③はその空間内の中で行うというイメージから、in が使われます。

① I'm usually in my office during the lunch break.
　昼休みは、いつもオフィスにいます。
　▶ **昼休み　lunch break**

② Your interview is going to be held in my office at 3 p.m.
　面接（試験）は、私のオフィスで午後3時に行います。
　▶ **行う　be held**

③ Next week's lesson is going to be held in the computer room.
　来週の授業は、コンピューター教室で行います。

at + [場所]

　空間というよりも地図にピンを刺すようなイメージで場所を示すときは、at を使います。④〜⑥は「正門」「駅の北口」のように、狭い地点をピンで刺すイメージから、at が使われます。

④ Would you wait for me <u>at the main gate</u>?
　正門で待っていていただけますか。
　　▶ **正門**　main gate

⑤ How about meeting <u>at the north exit of the station</u>?
　駅の北口で待ち合わせるのはどうでしょうか。

⑥ The bus stop is <u>at the south exit of the station</u>.
　バス停は駅の南口にあります。

---

at と in の違い
　一般的に、at は in に比べて心理的に狭い地点を表すときに用いますが、狭い、広いは主観的な判断なので、in と at を厳密に区別するのは難しいです。
　また、at には単に場所を表すのではなく、その場所で行われることに焦点が当たることがあります。例えば、ケンブリッジに住んでいたことや、観光で訪れたことを表したりする場合は、He was <u>in</u> Cambridge. と言います。ケンブリッジの大学で学んだというときは、He was <u>at</u> Cambridge. と言います。

お礼の言い方

　日本語学習者から、推薦状の依頼や欠席の許可を求めるメールをもらうことがあります。そのとき、まだこちらは承諾していないのに、最後に「ありがとうございます」と書いてあり、少し驚くことがあります。英語では、相手への感謝を示すために、メールの結びに Many thanks. や I appreciate your help. という表現をよく使用します。そのため、学習者も結びの表現として「ありがとうございます」を使ったのではないかと思いますが、特に依頼や許可を得る文面の最後に使うと、日本語では、勝手に許可を得ているように見えるため、失礼な印象を与えてしまいます。そのような場合は、最後に「よろしくお願いします」を使います。「よろしくお願いします」は決まり文句として、依頼や許可を求めるときではなくても、メールの最後によく使います。

　また、何かをしてもらった後には「ありがとうございました」と過去形にして言います。例えば、推薦状のお礼を言う際は、「推薦状を書いてくださり、ありがとうございました」と言うことができます。何か特定のことではなくても、ある程度の時間をかけて行われたことを強調するときには「本当にありがとうございました（Thank you for being so kind.）」を使います。また、日本人は、「先日はありがとうございました」「この前はおいしいお菓子をありがとうございました」など、前に行われたことへのお礼をたびたび言います。前に行われたことへの感謝を言うことも、日本らしい「和」を保つための一つと言われています。

🔊 C12

＜依頼のメールで、最後に「ありがとうございます」と書いた学習者に＞
We don't use ありがとうございます at the end of an email. If you use it when you request something, saying ありがとうございます sounds arrogant, (like you know the person will give you what you want.) We often use よろしくお願いします at the end of an email.

メールの最後に「ありがとうございます」は使いません。もし何かお願いするときに使うと、「ありがとうございます」は、（あなたが依頼したことを相手が承諾することがわかっているようで）横柄に聞こえます。メールの最後には、「よろしくお願いします」をよく使います。

Grammar 12　ほしい／〜たい

考えてみよう！

① 「たいです」の勉強をした学習者から、次のような質問がありました。
どう答えたらいいですか。

> **What's the difference between
> ほしいです and たいです？**
>
> 「ほしいです」と「たいです」は、どう違いますか。

② 英語を日本語にしてください。英語と日本語では何が違いますか。

① I <u>want</u> a new coat.

② I <u>wanted</u> a dog when I was a child.

③ I <u>want to buy</u> a new coat.

④ I <u>wanted to have</u> a dog when I was a child.

⑤ What time do you <u>want</u> dinner?

81

答え方のヒント

1 ▶ 「ほしいです」は、何かを所有したいという望みを示します。「ほしい」は、イ形容詞です。「(何か)がほしいです」のように言います。

---

noun (object) + が + ほしいです／ほしかったです

① 新しいコートが ほしいです。

I want a new coat.

② 子どものとき、犬が ほしかったです。

I wanted a dog when I was a child.

---

2 ▶ 「動詞＋たいです」は、何かしたいという望みがあるときに使います。丁寧形の「ます」を「たい」に変えます。「たい」は、イ形容詞のように活用します。「たい」は否定では「たくない」、過去では「たかった」になります。

---

noun (object) + を／が + verb (stem) + たいです／たかったです

③ 新しいコートを／が 買いたいです。

I want to buy a new coat.

④ 子どものとき、犬を／が 飼いたかったです。

I wanted to have a dog when I was a child.

---

3 ▶ 「ほしい」の中心的な意味は、何かを所有したいという望みなので、「何時に晩ご飯がほしいですか」のようには言えません。代わりに、「何時に晩ご飯を食べたいですか」と言います。

---

⑤ 何時に 晩ご飯を 食べたいですか。

~~がほしい~~

What time do you want dinner?

英語で言ってみよう！

1 ▶ ほしいです ①indicates a ②desire to ③possess something. ほしいです is an イ adjective. You say "something がほしいです."

2 ▶ You use "verb plus たいです" when you have a desire to do something. Change ます in the polite form to たい. たい ④conjugates like イ adjectives. たい becomes たくない in the negative and たかった in the past tense.

3 ▶ Because the ⑤core meaning of ほしい is a desire to possess something, you cannot say ⑥something like 何時に晩ご飯がほしいですか. You say 何時に晩ご飯を食べたいですか ⑦instead.

---

① **indicate A** (A を示す)　② **desire to** *do* (〜したいという望み)

③ **possess A** (A を所有する)　④ **conjugate** (活用する)

⑤ **core meaning** (中心的な意味)　⑥ **something like A** (A のように)

⑦ **instead** (代わりに)

Teaching Tips

教えるときのポイント

　　　「ほしい」も「たい」も願望を表す言葉で、英語では want に翻訳されるため、混乱する学習者がいます。品詞と形を整理しておきましょう。また、「ほしい」も「たい」も、普通、他の人のことについては言いません。他の人の願望を言うときは、「そうだ」や、「ほしがる」「たがる」などの表現と一緒に言うことを付け加えるといいでしょう。

例）ハリーさんは、新しいコートがほしいそうです。

　　(I hear that Harry-san wants a new coat.)

授業で使える英語表現

> ### プリントをもらっていない**人はいますか。**

〈There is/are~〉という構文は、聞き手にとって「新しい情報」を提示するときに使います。これを疑問文にした〈Is/Are there~?〉は、話し手が聞き手から新しい情報を求めるときに使います。

〈Is there anyone who V~?〉は、学習者に問いかける場面でよく使います。anyone を先行詞として関係代名詞の who 以下で「どのような人か」を説明しています。①～③の例では、教師が、プリントを持っているかどうかなど、情報を求める場面で使用しています。

🔊 1_12_2

① Is there anyone who didn't get the handout?
プリントをもらっていない人はいますか。

▶ **プリントをもらう　get the handout**

② Is there anyone who didn't submit the assignment?
課題を提出していない人はいますか。

▶ **A を提出する　submit A** ▶ **課題　assignment**

③ Is there anyone who can answer this question?
この質問に答えられる人はいますか。

Is there anyone who V ~?
～人はいますか

STEP UP!

　anyone の代わりに、any volunteers のように〈any A（名詞）〉を使って、〈Are there any A（名詞）+ 関係代名詞（who/which/that）~?〉の文で言うこともできます。

④ Are there <u>any volunteers</u> who can answer? Please raise your hand.

誰か答えられる人はいますか。 手を挙げてください。

▶ **手を挙げる　raise one's hand**

⑤ Are there <u>any words</u> that you don't understand?

わからない単語はありますか。

Are there any A（名詞）+ 関係代名詞（who/which/that）~?
A（名詞）はいますか／ありますか

カジュアルな表現として、下のような表現もあります。

⑥ <u>Any volunteers</u>?

ボランティアはいますか。

⑦ Does anyone want to try?

誰かやってみたい人はいますか。

方言

　日本語には、さまざまなバリエーションがあり、地域方言もその一つです。日本語の教科書では、いわゆる標準語を勉強しますが、留学先や仕事の場面で、日本語学習者が標準語ではない日本語に接することもあります。同じ地域でも方言の使用には世代差があり、若い人は標準語に近い言葉で話していることもありますが、ホストファミリーや職場の上司が方言を多く使用していて、何を言っているのかわからないということもあります。以前、京都でホームステイをしている留学生に「行かはる」の「はる」は何なのか、聞かれたことがあります。「春」でも「貼る」でもなさそうなので、悩んでいる様子でした。「はる」は方言で、敬語の一種だと教えると、とても驚いていました。

　方言話者とコミュニケーションをとる場合、方言の特徴を知っておくと、聞き取りやすくなります。また、その地域の方言を少し混ぜることで、地域の人とより深い関係性を築けるようになることもあります。ただし、方言にも待遇表現があり、丁寧に話すときは方言ではなく標準語を話すという地域もあります。そのため、教える場合は、どのような相手や場面で使うかも一緒に教えることが大切です。

◀)) C13

What is はる in 行かはる？
「行かはる」の「はる」は何ですか。

はる is an honorific expression used in Kyoto and Osaka dialects.
「はる」は、京都や大阪の方言で使われる敬語表現の一つです。

Grammar 13 ～たいですか

Let's think about it!

考えてみよう！

① ある学習者が次のように、「たい」の使い方を間違えていました。どう説明したらいいですか。

> 先生、お茶が <u>飲みたいですか</u>。

② 英語を日本語にしてください。英語と日本語では何が違いますか。

① ＜初対面のクラスメートに＞

<u>Do you want to</u> drink some tea?

② ＜先生に＞

<u>Would you like to</u> drink some tea?

③ ＜空港で上司に＞

<u>Would you like to</u> go to the souvenir shop?

87

答え方のヒント

1 ▶ 日本語では、相手がしたいことを聞くとき、「たいですか」を使うのは避けます。特に目上の人（例えば、上司や先生など）には、敬語を使っても失礼に聞こえるので、使いません（例えば、「お飲みになりたいですか」とは決して言いません）。

2 ▶ 「ほしい」「たい」の代わりに、「どうですか」や「いかがですか」を使って、間接的に聞きます（例えば、「お茶はいかがですか」など）。先生に「お茶を飲みますか」と言うこともできます。失礼には聞こえません。

---

① **＜初対面のクラスメートに＞**　Do you want to drink some tea?

　○　お茶、飲みますか／飲む？

　×　お茶、飲みたい？

② **＜先生に＞**　Would you like to drink some tea?

　○　お茶は どうですか／いかがですか。

　○　お茶を 飲みますか／お飲みに なりますか。

　×　お茶を 飲みたいですか。

　×　お茶を お飲みに なりたいですか。

③ **＜空港で上司に＞**　Would you like to go to the souvenir shop?

　○　お土産屋さんは いかがですか／に 行きませんか。

　○　お土産屋さんに 行きますか／いらっしゃいますか。

　×　お土産屋さんに 行きたいですか。

🔍 目上の人に対する敬意の表現など、人間関係に応じて使い分ける表現を「**待遇表現**」と言います。

英語で言ってみよう！

1 ▸ In Japanese, you avoid using たいですか when asking what someone wants to do. You especially don't use たいですか to 目上の人 (a boss or a teacher, for example) because it sounds impolite, even if you are using polite language (for example, you would never say お飲みになりたいですか.)

2 ▸ Instead of ほしい or たい, you ask indirectly by using どうですか or いかがですか (for example, お茶はいかがですか.) You can also say お茶を飲みますか to teachers. It doesn't sound impolite.

▸ 目上の人　a person superior in rank or status or older than you, such as bosses and teachers

① **avoid** *doing* （〜するのを避ける）　② **it sounds A** （A に聞こえる）
③ **impolite** （失礼な）　④ **even if ~** （〜ても）　⑤ **instead of A** （A の代わりに）
⑥ **indirectly** （間接的に）

Teaching Tips
教えるときのポイント
　　　　　英語では Do you want some tea? や Would you like some tea? と言っても失礼にはなりませんが、日本語では、特に、目上の人やあまり親しくない人に対して、「たいですか」を使うのは失礼です。形式としては正しくても、失礼になってしまう表現には、注意が必要です。

授業で使える英語表現

> ## それは、横柄に聞こえます。

　文法的には正しい表現でも、ある場面ではふさわしくない表現があります。ここでは、〈It sounds A (形容詞)〉を使って、「その表現は聞き手にとって〜な印象を与えます」という表現を学びましょう。

◀)) 1_13_2

① It sounds inappropriate.
それは、不適切に聞こえます。

② It sounds arrogant.
それは、横柄に聞こえます。

It sounds A（形容詞）
A（形容詞）に聞こえます

　〈because it sounds A (形容詞)〉を使い、その表現が使えない理由の説明をすることができます。

③ You don't use ごめんね to teachers because it sounds casual.
「ごめんね」は、カジュアルに聞こえるので、先生には使いません。

④ You don't often say ハンサム because it sounds old-fashioned.
「ハンサム」は、古い感じに聞こえるので、あまり言いません。

⑤ You never use ヤバい in a classroom because it sounds rude.
「ヤバい」は、無礼に聞こえるので、教室では決して使いません。

You don't use/say A because it sounds B（形容詞）
Aは、B（形容詞）に聞こえるので、使いません／言いません

STEP UP!

「その表現は状況に対して不適切である」と言うときは、〈It's A（形容詞）in B (situation, contextなど)〉を使います。

⑥ It's <u>inappropriate</u> in this situation.

それは、この状況では不適切です。

▶ **状況**　situation

It's A（形容詞）in B (situation, contextなど)
それは、B（状況）ではA（形容詞）です

☑ It sounds A（形容詞）の例

◀» 1_13_3

日本語	英語
失礼に聞こえる。	It sounds impolite.
丁寧に聞こえる。	It sounds polite.
横柄に聞こえる。	It sounds arrogant.
無礼に聞こえる。	It sounds rude.
直接的に聞こえる。	It sounds too direct.
自然に聞こえる。	It sounds natural.
不自然に聞こえる。	It sounds unnatural.
変に聞こえる。	It sounds strange.
カジュアルに聞こえる。	It sounds casual.
不適切に聞こえる。	It sounds inappropriate.
古い感じに聞こえる。	It sounds old-fashioned.
きつく聞こえる。	It sounds harsh.

質問にいつも答える？

　この本には、学習者からの質問にどのように答えるかについてのヒントが書かれています。ですが、多岐にわたる学習者からの質問に、教師は、いつも完璧に答えられるわけではありません。I'm not a hundred percent sure, so I will let you know next time.（100% 確かではないので、次のときに教えます）と言ったり、複雑な質問なら、I will explain it in the next class because it's a little bit complicated.（少し複雑なので、次の授業のときに説明します）と言って、後日、詳しく説明してもいいでしょう。その場で適当に答えるなど、学習者に誤った情報を伝えないようにすることが大切です。

　また、教師が学習者からの質問に全て答える必要もありません。例えば、若者言葉のことなら、Why don't you ask a Japanese friend?（日本人の友だちに聞いてみたらどうでしょうか）と促す方法もあります。日本人とのコミュニケーションのきっかけにもなるかもしれません。また、言葉の違いなら、Have you tried looking it up yourself?（自分で調べてみましたか）と促してもいいでしょう。今は、日本国外にいても、ウェブサイトからさまざまな情報を得ることができます。ただし、調べた情報が誤っていることもあるので、注意が必要です。活動として、例えば、自分で調べた日本語を発表してもらうなど、一緒に確認する機会もあるといいと思います。

◀)) C14

What does やばい mean?
「やばい」はどういう意味ですか。

Why don't you ask a Japanese friend?
日本人の友だちに聞いてみたらどうでしょうか。

あげる／くれる

Let's think about it!

考えてみよう！

① 「くれます」を勉強した学習者から、次のような質問がありました。
どう答えたらいいですか。

What's the difference between あげます and くれます？

「あげます」と「くれます」は、どう違いますか。

② 英語を日本語にしてください。英語と日本語では何が違いますか。

① Tanaka-san <u>gave</u> Sam-san a present.

② Tanaka-san <u>gave</u> me a present.

③ Tanaka-san <u>gave</u> my brother a present.

④ ＜先生に＞
I'll <u>give</u> you my homework.

答え方のヒント

1 ▶ 英語では、「あげる」と「くれる」の両方とも、give という意味です。「あげる」の対象は、「私」以外の人です。「くれる」の対象は、ウチグループの人（基本的に、私と家族）だけです。

---

① Tanaka-san gave Sam-san a present.

田中さんは サムさんに プレゼントを あげました。

くれました

② Tanaka-san gave me a present.

田中さんは 私に プレゼントを くれました。

あげました

③ Tanaka-san gave my brother a present.

田中さんは 私の弟に プレゼントを くれました。

あげました

---

2 ▶ 英語では、I'll give you my homework. と言うことができますが、日本語では、横柄に聞こえるので、「宿題をあげます」と言うことはできません。

---

④ <先生に>

I'll give you my homework.

宿題を 提出します。

あげます

英語で言ってみよう！

1 ▶ In English, ①both あげる and くれる means "to give." The ②object of あげる is ③someone other than 私, or "me." The object of くれる is only someone in the ウチ group（basically, "me," and family.）

2 ▶ In English, you can say "I'll give you my homework," but in Japanese you cannot say 宿題をあげます because ④it sounds ⑤arrogant.

🔑 ① **both A and B**（A と B の両方）　② **object**（動作の対象／目的語）
③ **someone other than A**（A 以外の人）　④ **it sounds A**（A に聞こえる）
⑤ **arrogant**（横柄な）

Teaching Tips
👆教えるときのポイント
　　　　　　　「あげる」「くれる」「もらう」を授受表現（やりもらい表現）と呼びます。英語では、「あげる」「くれる」はどちらも give、「もらう」は get や receive で表されます。特に「くれる」は、ウチ・ソトの概念と結びついて使い分けられる言い方で、このような考えは英語にはないため、使い分けが難しいです（ウチ・ソトについては p.98 へ）。

授業で使える英語表現

> ## 宿題**を出します**。

　日本語では「宿題<u>を出します</u>」「フィードバック<u>をします</u>」「ヒント<u>をあげます</u>」と言う場合、それぞれ異なった動詞を使いますが、英語では give を使って表すことができます。英語の動詞 give は〈give + 人 + もの〉という典型的なパターンがあるので、このパターンをうまく使えるようにしましょう。

🔊 1_14_2

① 〈学生が先生に〉

I'll give you my homework.

宿題を出します。

② 〈先生が学生に〉

I'll give you some feedback.

フィードバックをします。

---

homework, feedback はどちらも不可算名詞で複数形にすることができません。some がよく付けられますが、数量が定かではないことを表しているもので、日本語では特に訳す必要はありません。

---

③ 〈先生が学生に〉

I'll give you five more minutes.

さらに5分あげます。

　▶ **さらに5分　five more minutes**

④ I'll give you a break.

休憩にしましょう。

　▶ **休憩　break**

 まとめ

I'll give you A
Aを出します／します／あげます

96

STEP UP!

〈I'll give you a chance to *do*〉で、「～する機会／チャンスをあげます」と伝えることができます。

⑤ I'll give you a chance to revise your answer.
答えを直すチャンスをあげます。

▶ **A を直す／修正する revise A**

⑥ I'll give you a chance to present your project.
プロジェクトを発表する機会を作ります。

▶ **発表する present**

I'll give you a chance to *do*
～する機会／チャンスをあげます

ウチとソト

　日本人は「ウチ」と「ソト」で言葉や行動が変わると言われています。ウチ・ソトについて、日本語の教科書や日本文化の本を読んで、興味を持つ日本語学習者もいるようです。「ウチ」は状況にもよりますが、一般的に、家族、自分の会社の人、自分のグループの人などを指し、「ソト」はそれ以外の人を指します。さらに、その外側に電車で隣になった人など自己と関連のない「ヨソ」があるとも言われています。

　日本人はソトの人に対して、特に敏感で注意深く行動すると言われています。ビジネスの場面では、取引先の人やお客様には、丁寧な言葉で話し、お礼や謝罪にも細心の注意を払います。普段、敬語を使って話す同じ会社の上司のことも、「ソト」グループの人との会話では、「課長は今、留守にしております」のように、相手より「ウチ」を低くする謙譲語を使います。

　学生生活を終えて、社会に出て働くようになり、付き合いが多様化すると、人間関係が複雑になり、ウチ・ソトの関係がより意識されます。学生のうちは、ウチ・ソトをあまりはっきり意識していない人も多いようですが、ウチ・ソトの関係は存在しないのでしょうか。例えば、SNSでのやり取りについて聞くと、普段からよく連絡する人とは短いメッセージのやり取りが多いですが、そこまで仲の良い関係ではないと、絵文字を多くしたり、メッセージが長くなったりするようです。関係性に気を遣うために長くなるのだと思います。また、友だちに意見を言うとき、「〜かな」など緩和する表現を多く使うと言われています。日本の社会では、一見、ウチ・ソトが見えないような場所にも、ウチ・ソトが隠れています。

🔊 C15

What do the words ウチ and ソト mean?
ウチ・ソトとは、どのような意味ですか。

ウチ means (generally speaking) family and relatives, or people in your own company or group. ソト refers to people who are outside these circles.
ウチは（一般的に）家族や親戚、自分の会社やグループの人などを意味します。ソトはこれらのサークルの外にいる人を指します。

～てあげる

Let's think about it!
考えてみよう！

① ある学習者から、次のようなメールが来ました。
「てあげます」の使い方について、どう説明したらいいですか。

> 宿題を 送ってあげます。

② 日本語を英語にしてください。日本語と英語では何が違いますか。

① 妹に お菓子を 買ってあげました。

② 友だちの宿題を 手伝ってあげました。

③ ＜先生に＞
　宿題を 送ります。

④ ＜上司に＞
　荷物を お持ちしましょうか。

99

答え方のヒント

1 ▶ 「てあげます」は普通、誰かのために、または、誰かが恩恵を受けるために何かをするときに使います。

---

① 妹に お菓子を <u>買ってあげました</u>。

I bought snacks to give to my little sister.

② 友だちの宿題を <u>手伝ってあげました</u>。

I helped a friend with homework.

---

2 ▶ 「てあげます」は目上の人（例えば、先生や上司）のためにしたことについて話すときは、横柄または恩着せがましく聞こえるので、使うことができません。「てあげます」は、目上の人以外（例えば、同僚やクラスメートなど）にも注意して使いましょう。「宿題を送ってあげます」の代わりに、ただ、「宿題を送ります」と言います。

---

③ ＜先生に＞

宿題を <u>送ります</u>。

~~送ってあげます~~

I will send you my homework.

---

3 ▶ ビジネスの場面では、丁寧に言うとき、例えば「荷物をお持ちしましょうか」など、「お〜しましょうか」を使うことができます。

---

④ ＜上司に＞

荷物を <u>お持ちしましょうか</u>。

~~持ってあげましょうか~~

Can I help you with your luggage?

Let's say it in English!　　　　　　　　　　　　　　◀) 1_15_1

英語で言ってみよう！

1 ▶ We usually use てあげます when we do something for someone or to
① benefit someone.

2 ▶ You cannot use てあげます when talking about things you do for 目上の
人, (for example teachers or bosses,) because ② it sounds ③ arrogant or
④ patronizing. You should also ⑤ be careful using てあげます to ⑥ people
other than 目上の人, (for example ⑦ colleagues or classmates.) ⑧ You
simply say 宿題を送ります ⑨ instead of 宿題を送ってあげます.

3 ▶ You can use お〜しましょうか, for example 荷物をお持ちしましょうか, to say it
politely ⑩ in business settings.

▶ 目上の人　**a person superior in rank or status or older than you, such as bosses and teachers**

🔑 ① **benefit A**（A が恩恵を受ける）　② **it sounds A**（A に聞こえる）
③ **arrogant**（横柄な）　④ **patronizing**（恩着せがましい）
⑤ **be careful** *doing*（注意して〜する）　⑥ **people other than A**（A 以外の人）
⑦ **colleague**（同僚）　⑧ **You simply say A**（ただ A と言う）
⑨ **instead of A**（A の代わりに）　⑩ **in business settings**（ビジネスの場面では）

Teaching Tips

☞ 教えるときのポイント

　　　　　　　　　　　「てあげる」「てもらう」「てくれる」は、行為の授受を
示し、日本語でよく使われる表現です。しかし、「てあげる」は、わざわざ親切
にしてあげているという恩着せがましい表現になるので、注意が必要です。

授業で使える英語表現

> ビジネスの場面**では、「持ちますか」を使う代わりに**
> **「お持ちしましょうか」を使います。**

　場面に合わせた日本語の使い方について説明をするとき、「[場面・状況]では、Bを使う代わりにAを使います」のように「正しくない言い方」と「正しい言い方」の両方を提示して理解を促します。このようなとき、英語では〈You use A + [場面・状況] + instead of using B〉を使います。

◀ᵕ)) 1_15_2

① You use お持ちしましょうか <u>in business settings</u> instead of using 持ちますか.
　ビジネスの場面では「持ちますか」を使う代わりに「お持ちしましょうか」を使います。

② You use ごめん <u>between friends</u> instead of using ごめんなさい.
　友だちの間では、「ごめんなさい」を使う代わりに「ごめん」を使います。

③ You use 元気? <u>in casual conversations</u> instead of using お元気ですか.
　カジュアルな会話では、「お元気ですか」を使う代わりに「元気?」を使います。

まとめ	You use A + [場面・状況] + instead of using B
	[場面・状況] では、Bを使う代わりにAを使います

STEP UP!

　in formal settings など、in で始まる場面・状況は、文頭にも置くことができます。また、理由や具体例を続けて提示すると、より理解が深まります。

④ In formal settings, you don't use 俺. You use 俺 only between close friends.
「俺」はフォーマルな場面では使いません。親しい友人の間でだけ使います。

▶ 親しい友人　close friend

⑤ In daily conversations, you don't use 拙者. It is only used in anime or fiction.
「拙者」は、日常会話で使いません。アニメや物語で使われるぐらいです。

▶ 物語　fiction

⑥ You use よろしくお願いします in formal settings instead of using よろしく. よろしく is a shortened way of saying よろしくお願いします and sounds a little bit casual. For example, when you ask your boss to check a document, you say よろしくお願いします.

フォーマルな場面では、「よろしく」の代わりに「よろしくお願いします」を使います。「よろしく」は「よろしくお願いします」の短い言い方で、少しカジュアルに聞こえます。例えば、上司に書類のチェックをお願いするとき、「よろしくお願いします」と言います。

▶ A の短い言い方　shortened way of saying A

☑ 場面・状況を限定するときに使える表現（例）　　◀)) 1_15_3

日本語	英語
フォーマルな場面で	in formal settings
フォーマルではない場面で	in informal settings
カジュアルな場面で	in casual settings
カジュアルな会話で	in casual conversations
ビジネスの場面で	in business settings
友だちの間で	between friends
日常会話で	in daily conversations
話し言葉で	in spoken language
書き言葉で	in written language
アニメで	in anime

敬語

　敬語は、日本語学習者を悩ませる項目の一つです。基本的に「です・ます」を使っていれば丁寧に話すことはできますが、ビジネスや接客場面での会話などには、多くの敬語が含まれていて、聞き取れないということもあります。例えば、ビジネスの場面では、相手の会社は「御社」「貴社」、自分の会社は「弊社」と言います。また、同意を示す場合は「かしこまりました」や「承知いたしました」がよく使われます。このような言葉はすぐに使えなくても、まずは知っておくと会話が少し理解しやすくなります。

　接客場面でも多くの敬語が使われています。以前、日本に住む英語が母語の日本語学習者に、「何になさいますか」「少々、お待ちください」「お待たせいたしました」など、レストランでよく店員が使う表現について教えたところ、初めて意味がわかったと言われました。それまでは、何と言っているかよくわからないけれど、なんとなく答えていたそうです。敬語というと、難しいと感じる日本語学習者も多いですが、まずは、身近な場面で使われている敬語を覚えていくのも一つの方法だと思います。

会社でよく使われる敬語表現（例）　　🔊 C16

表現	説明
かしこまりました／承知いたしました	humble language for "I understand"
申し訳ありません	polite language for an apology
拝読します	humble language for "to read"
ございます	polite language for いる and ある or "to be" (is/am/are)
〜でございます	polite language for です
お／ご 〜 （例）お名前、お電話、ご連絡	honorifics placed in front of nouns to show politeness
こちら	polite language for "this" or "here"
いかが	polite language for "how"
御社／貴社	polite language for "your company"
弊社	humble language for "my company"

Grammar 16　自動詞／他動詞

考えてみよう！

① ある学習者が、次のように間違えていました。
どう直したらいいですか。

> ・先生、何時に 授業を 始まりますか。
>
> ・先生、何時に 授業が 始めますか。

② 英語を日本語にしてください。英語と日本語では何が違いますか。

① The lesson will start at 9:00 a.m.

② The teacher started the lesson at 9:00 a.m.

③ Did you wear a coat?

答え方のヒント

1 ▸ 「始まります」は自動詞です。自動詞の主語の後には、「が」または「は」を使います。自動詞は、動作の対象は必要ではありません。

---

① 9時に 授業が 始まります。

　　　　　 ⏜subject⏜ ⏜intransitive verb⏜

The lesson will start at 9:00 a.m.

---

2 ▸ 「始めます」は他動詞です。他動詞を使うときは、動作の対象の後に「を」を使います。英語では、他動詞を使うとき、動作の対象を言わなければなりません。日本語では、動作の対象が明らかな場合、省略することができます。

---

② 9時に 先生が 授業を 始めました。

　　　　　 ⏜subject⏜ ⏜object⏜ ⏜transitive verb⏜

The teacher started the lesson at 9:00 a.m.

③ (コートを) 着た?

　○ Did you wear a coat?

　× Did you wear?

---

3 ▸ 日本語では、「始まります」と「始めます」など、自動詞と他動詞の形は、少し違います[1]。英語では、同じ場合もあります。

🔎1：日本語でも、「箱が開く（ひらく）／を開く（ひらく）」「イベントがスタートする／をスタートする」のように自動詞と他動詞が同じ形のものがありますが、数は少ないです。また、「座る」のように自動詞だけのもの、「書く」のように他動詞だけのものもあります。

Let's say it in English!　　　　　　　　　　　　　　　　　🔊 1_16_1

英語で言ってみよう！

1 ▶ 始まります is an ①intransitive verb. You use が or は after the ②subjects of intransitive verbs. Intransitive verbs do not ③require ④objects.

2 ▶ 始めます is a ⑤transitive verb. When using transitive verbs, you use を after the objects. In English, you must say the objects when you use transitive verbs. In Japanese, you can ⑥omit the objects of transitive verbs when they are ⑦obvious.

3 ▶ In Japanese, intransitive and transitive forms of verbs are ⑧slightly different, ⑨such as 始まります and 始めます. In English, they are often the same.

🔑 ① **intransitive verb**（自動詞）　② **subject**（主語）
　　③ **require A**（A が必要である）　④ **object**（動作の対象／目的語）
　　⑤ **transitive verb**（他動詞）　⑥ **omit A**（A を省略する）
　　⑦ **obvious**（明らかな）　⑧ **slightly**（少し）　⑨ **such as A**（A など）

Teaching Tips
👆教えるときのポイント

　　　　　　　　　英語では、自動詞と他動詞が同じ形のものもあります。一方、日本語では、対になる自動詞と他動詞が多くあります。初級の最初は、日本語の自動詞、他動詞の形と、一緒に使う助詞をしっかり確認しましょう。
例）My cat wakes up at 5 every morning.
　　（私のネコは、毎朝、5 時に起きます。）
　　My cat wakes me up at 5 every morning.
　　（私のネコは、毎朝、5 時に私を起こします。）
　　日本語では、いつ自動詞または他動詞を使うのか、どのようにニュアンスが変わるかを理解しておくことも重要です。例えば、パソコンを落として壊した人が「パソコンが壊れました」と言っていたら、「無責任に聞こえます（It sounds irresponsible.）」と伝えるなど、少しずつ理解を促していくといいでしょう。

授業で使える英語表現

> ## スクリーンを**見てください。**

　学習者に指示を出すときによく使う「見てください」「聞いてください」「話してください」という基本的な動詞の表現を学んでいきましょう。

🔊 1_16_2

「見る」

　英語の「見る」には、look や see がありますが、look は対象物に視線を向けるとき、see は情報が意識せずに目に入ってくる様子を表すときに使います。「見てください」と指示を出すときは、対象物に視線を向けるという意味で、〈look at A（対象物）〉を使用します。

① Look at the screen.
スクリーンを見てください。

② Look at the exercise on page 10.
10ページの練習問題を見てください。
▶ **練習問題　exercise**

③ Now open your textbook to page 28 and look at the second line from the bottom.
教科書28ページを開いて、下から2行目を見てください。
▶ **下から A 行目　the A th line from the bottom**
　　（ただし1行目〜3行目までは 1st, 2nd, 3rd となります）

STEP UP!

　丁寧に言う場合は、Could you look at the worksheet?（ワークシートを見てもらえますか）のように〈Could you look at A (対象物)?〉を使います。

④ Could you look at the fifth line from the top?

上から5行目を見てもらえますか。

> **上から A 行目　the A th line from the top**
> （ただし1行目～3行目までは **1st, 2nd, 3rd** となります）

　動詞の look を名詞に変えて〈take a look at A (対象物)〉で、「見る」という意味を表すこともできます。

⑤ Please take a look at the pictures on page 25.

25ページの写真を見てください。

「話す」

　英語の「話す」には speak や talk がありますが、speak は声を出すとき、または、speak English のように言語を話すというときに使います。一方、talk は言葉でやりとりをするときに使います。

⑥ Please speak louder.

もう少し大きな声で話してください。

> **より大きな声で　louder**

⑦ Could you speak a bit more slowly?

もう少しゆっくり話していただけますか。

> **もう少し　a bit more**

⑧ Stop talking and please take a look at the screen.

話をやめて、スクリーンを見てください。

⑨ Let's talk about Japanese culture. Work with your partner.

日本文化について話しましょう。パートナーと取り組んでください（話し合ってください）。

アクティビティをするときは、最初に「～しましょう（let's ~）」と伝えます。その後、しなければならないことを指示するときは、〈let's ~〉は使わず、Work with your partner. のように言います。

⑩ Talk to your partner about what you did yesterday using past forms.

過去形を使って、昨日何をしたのかについて、パートナーに話してください。

▶ 過去形　past forms

「聞く」

　英語の「聞く」には listen や hear がありますが、listen は意識して聞くとき、hear は声が届いている、音が聞こえているという様子を表すときに使います。can を使って疑問文を作ると、Can you hear me?（聞こえますか）のように、現在の状態について確認することができます。

⑪ Can you hear me?

（私の声が）聞こえますか。

　集中して聞いてもらいたい大切な話をするときは listen を使います。

⑫ Now, listen.

いいですか、聞いてください。

Grammar 17　ようだ／らしい

考えてみよう！

① 「らしい」を勉強した学習者から、次のような質問がありました。
どう答えたらいいですか。

> ### What's the difference between らしい and ようだ？
>
> 「らしい」と「ようだ」は、どう違いますか。

② 英語を「ようだ」または「らしい」を使って、日本語にしてください。
英語と日本語では何が違いますか。

① ＜道路がぬれているのを見て＞

   It seems that it rained last night.

② I heard that it rained terribly last night.

③ ＜店員が客に＞

   It seems that this credit card
   cannot be used.

雨が降ったようだ

答え方のヒント

1 ▶ 話し手の直接的な経験や情報に基づいたことについて話すとき、「ようだ」を使います。一方、間接的な情報から推測したことに基づいて話すとき、「らしい」を使います。

> ① ＜道路がぬれているのを見て＞
>
> 昨日の夜、雨が 降った<u>ようです</u>。
>
> It seems that it rained last night.
>
> ② 昨日の夜、大雨が 降った<u>らしいです</u>。
>
> I heard that it rained terribly last night.

2 ▶ 「ようだ」は、やや堅苦しい、またはフォーマルなため、友だち同士やカジュアルな会話では、めったに使いません。代わりに、「みたいだ」を使います。

> ①'＜友だちに＞　昨日の夜、雨が 降った<u>みたいだ</u>よ。

3 ▶ 「らしい」と「そうだ」は似ています。「そうだ」は、話し手が聞いたままの情報を伝える表現です。「らしい」は、やや不確かでカジュアルに聞こえるため、正確に情報を伝えたいときは、使うのを避けます。

> ②'＜上司に報告で＞　昨日の夜、大雨が 降った<u>そうです</u>。
>
> 　　　　　　　　　　　△降ったらしいです

4 ▶ 「ようだ」は、状況を柔らかく伝えたいときも使います。

> ③ ＜店員が客に＞
>
> このクレジットカードは、<u>使えないようです</u>。
>
> It seems that this credit card cannot be used.

Let's say it in English!　　　　　　　　　　　　　◀)) 1_17_1

英語で言ってみよう！

1 ▶ When you talk about things ①based on your ②direct experience or information, you use ようだ. ③On the other hand, when you talk about things based on what you ④guess from ⑤indirect information, you use らしい.

2 ▶ Because ようだ is a bit ⑥stuffy or formal, you ⑦rarely use ようだ between friends or ⑧in an informal speech. You use みたいだ ⑨instead.

3 ▶ らしい and そうだ ⑩are similar. そうだ is an expression to ⑪convey information ⑫as heard by the speaker. らしい ⑬sounds ⑭less certain and a bit informal, so, you ⑮avoid using it when you want to convey information ⑯properly.

4 ▶ You also use ようだ when you want to convey a situation softly.

① **based on A**（A に基づいた）　② **direct**（直接的な）

③ **on the other hand**（一方）　④ **guess from A**（A から推測する）

⑤ **indirect**（間接的な）　⑥ **stuffy**（堅苦しい）　⑦ **rarely ~**（めったに〜ない）

⑧ **in an informal speech**（カジュアルな会話では）　⑨ **instead**（代わりに）

⑩ **be similar**（似ている）　⑪ **convey A**（A を伝える）　⑫ **as heard**（聞いたまま）

⑬ **A sound B**（A は B に聞こえる）　⑭ **be less certain**（やや不確かだ）

⑮ **avoid *doing***（〜するのを避ける）　⑯ **properly**（正確に）

Teaching Tips

教えるときのポイント

　　　　　　英語では、「ようだ」も「らしい」も It seems that と訳すことができるため、その違いを理解することは難しいです。また、「ようだ」は「みたいだ（It looks like）」、「らしい」は「そうだ（I heard）」とも近い表現です。説明する際は、直接的か間接的か、場面や相手がふさわしいかだけでなく、婉曲表現としても使えることを説明できると、実際に使用する際の助けとなります。

授業で使える英語表現

（どうやら）wifi につながらない<ins>みたいです</ins>。

　確信が持てないので自分自身の発言を和らげて、「どうやらプロジェクターの調子が悪いみたいですね」と言ったり、直接的に言うのを避けて、「このクレジットカードは使えないようです」と言ったりするときに、seem を使うことがあります。ここでは、seem を使ったこれらの言い方を学びましょう。

🔊 1_17_2

① It seems that we can't connect to wifi.
　（どうやら）wifi につながらないみたいです。
　▶ **wifi につながる　connect to wifi**

② It seems that the projector is not working. Can someone please check the connection?
　（どうやら）プロジェクターの調子が悪いみたいですね。誰か接続を確認してくれますか。
　▶ **調子が悪い　is not working**　▶ **接続　connection**

It seems that S + V ~
（どうやら）〜みたいです

　主語の様子を伝えるときは、〈A seem(s) to *do*〉というパターンで表します。

③ You seem to be very tired today. Did you sleep well last night?
　今日は疲れているみたいですね。昨晩はしっかり寝ましたか。

④ He seems to have a lot of trouble with computers. Maybe you can help him with his homework.

彼はコンピューターがかなり苦手なようです。できれば彼の宿題を手伝ってくれますか。

▶ **A が苦手だ　have a trouble with A**

A seem(s) to *do*
Aは〜ようです／みたいです

　look を使った〈A looks like B〉や〈It looks like S + V ~〉は、視覚による判断から「ようです」「みたいです」と言うときに使います。

⑤ 入（る）looks like 人.

「入（る）」は、「人」みたいです。

⑥ It looks like she has many Japanese friends.

彼女には、日本人の友だちがたくさんいるようです。

⑦ It looks like she is busy.

彼女は、忙しいようです。

A looks like B
AはBようです／みたいです
It looks like S + V ~
〜ようです／みたいです

日本人ははっきり言わない？

　日本語では、自分の意見をはっきり言わずに遠回しに言ったり、曖昧な表現を使ったりすることがあります。例えば、はっきりわかっているときや、自分の意見があるときでも、「かも」や「かもしれない」を付けて「これ、いいかも」のように言います。その影響で、英語で話すときにも、つい may be を多く使ってしまう日本人もいます。また、ある人から連絡を受けて、その人が遅れることがはっきりわかっているときでも、「遅れるようです」「遅れるっぽいよ」など、断定的な言い方を避けて伝えることもあります。

　さらに「本音」と「建前」があることも知られています。家族や親友など（ウチ）にははっきり言うことができますが、それ以外の相手（ソト）には、よくないと思っていても「いいね」と言ったり、行きたくなくても「行きたかったんですが、残念です」と伝えたりします。

　日本は小さな島国のため、限られた土地で稲作を行うためにはお互いに協力しなければなりませんでした。そのため、相手との衝突を避け、良好な関係を続けていくために、はっきり言うことを避け、「和」を保つことを大切にしてきたとも言われています。同じ考えや文化を持つ仲間であれば、言わなくても察することができます。しかし、文化の異なる日本語学習者にとっては日本人のコミュニケーションは難しく、理解できない場面が多くあります。

　また、日本語学習者が「かも」のような表現を言わずに、断定的に意見を言うと、日本人には少し強い印象を与えてしまうことがあります。まずは、このような文化背景があることを少し知っておくと、コミュニケーションがしやすくなるかもしれません。

🔊 C17

It is sometimes difficult to tell what a Japanese person is thinking.
ときどき、日本人が何を考えているのか理解するのが難しいです。

Japanese people often don't say their opinions explicitly in order to avoid conflict. They often use ambiguous expressions. The listener in a Japanese conversation tries to understand what the speaker is trying to say.
日本人は、衝突を避けるために、あまりはっきり意見を言いません。よく曖昧な表現を使います。日本人の会話では、聞き手は話し手が何を言おうとしているのかを理解しようとします。

Grammar 18 〜から、〜

Let's think about it!

考えてみよう！

① 「から」を勉強した学習者が、次のように間違えていました。
どう説明したらいいですか。

> 宿題が できませんでしたから、
>
> 昨日、とても 忙しかったです。

② 英語を日本語にしてください。英語と日本語とでは何が違いますか。

① I couldn't do the homework <u>because</u> I was very busy yesterday.

② I eat fish everyday <u>because</u> I like seafood.

③ I like Japanese anime very much, <u>so</u> I came to Japan.

答え方のヒント

1 ▶ 「から」は、理由や原因を示します。「忙しかったから」のように、「から」
の前に、理由を付けます。「忙しかったから、宿題ができませんでした」
のように、「から」の後には、結果や状況を言います。日本語では、順番
はいつも、「理由」から「結果」であることに注意してください。英語の
because の文の順番とは違います。順番は、so の文にとてもよく似ています。

---

① 昨日、とても忙しかったから、宿題が できませんでした。

    (reasons/causes)   ➡   **(results/situations)**

I couldn't do the homework because I was very busy yesterday.

I was very busy yesterday, so I couldn't do the homework.

---

2 ▶ ですが、結果と理由を二つの文に分ける場合は、結果を先に言います。
結果の後に理由を言って、その後に「からです」が来ます。

---

② 私は、毎日、魚を食べます。(なぜなら、)魚料理が 好きだからです。

I eat fish everyday because I like seafood.

---

3 ▶ 接続詞の「だから」を使うときも、先に理由を言います。

---

③ 私は、日本のアニメが 大好きです。だから、日本に 来ました。

I like Japanese anime very much, so I came to Japan.

---

4 ▶ 「ので」も、理由や原因を示します。「ので」は、丁寧に聞こえます。

---

①' 昨日、とても忙しかったので、宿題が できませんでした。

Let's say it in English!　　　　　　　　　　　　　　　◀)) 1_18_1

英語で言ってみよう！

1 ▶ から <u>indicates</u> <u>reasons</u> or <u>causes</u>. You <u>put a reason before</u> から,
for example 忙しかったから. You say <u>results</u> or situations after から, for
example 忙しかったから、宿題ができませんでした. <u>Note that</u> in Japanese
the order is always "reason から result." It is different from the order of
"because" sentences in English. The order <u>resembles "so" sentences
more closely</u>.

2 ▶ If you <u>separate the results and reasons into two sentences</u>, however,
you say the results first. After the results, you say the reasons <u>followed
by</u> からです.

3 ▶ When you use the <u>conjunction</u> だから, you also say the reasons first.

4 ▶ ので also indicates reasons or causes. ので <u>sounds</u> polite.

---

① **indicate A**（A を示す）　② **reason**（理由）　③ **cause**（原因）
④ **put A before B**（B の前に A を付ける）　⑤ **result**（結果）
⑥ **note that ~**（〜に注意してください）　⑦ **resemble A closely**（A によく似ている）
⑧ **separate A into B**（A を B に分ける）　⑨ **followed by A**（その後に A が来る）
⑩ **conjunction**（接続詞）　⑪ **A sound B**（A は B に聞こえる）

Teaching Tips
教えるときのポイント

　　　　　　　　「から」は初級の最初に導入されます。しかし、「から」
を学んだばかりの学習者には理由と結果を逆にしてしまう誤用がときどき見られ
ます。英語の so の文のほうが近いことを提示してもいいでしょう。
　また、「から」と同じように理由を表す接続助詞に「ので」があります。「から」
は自分の行動や判断の理由を相手に示すため、主観的です。一方、「ので」は物
事の因果関係を表すので、叙述的です。「ので」のほうが丁寧に感じられること
も教えられるといいでしょう。

授業で使える英語表現

> 今日の授業は休講です。**なぜなら、**台風が近づいている**からです。**

　ここでは、英語で理由を表す表現として、〈[結果] because [理由]〉と〈[理由], so [結果]〉を確認します。二つは、理由と結果を述べる順番が違うので、注意しましょう。

🔊 1_18_2

[結果] because [理由]

　because を使って理由を表す場合、結果を言った後に理由を述べるのが一般的です。

① Today's class will be canceled because a typhoon is approaching.
　今日の授業は休講です。なぜなら、台風が近づいているからです。
　▶ **休講だ　class will be canceled**　▶ **台風が近づいている　typhoon is approaching**

> 日本語の発想だと「台風が近づいているので、今日の授業は休講にします」という伝え方をしますが、because を使って理由を表す場合、①の例のように、理由を文の後半に持ってきます。

② You should avoid using おじさん or おばさん to older people because it sounds rude to them.
　年上の人に「おじさん」または「おばさん」を使うのは避けたほうがいいでしょう。なぜなら、無礼に聞こえるからです。
　▶ **〜するのを避ける　avoid *doing***　▶ **無礼な　rude**

③ Tomorrow's class will be held online because a snow storm warning has been issued.
　明日の授業はオンラインで行います。なぜなら、大雪警報が出たからです。
　▶ **オンラインで行う　be held online**　▶ **大雪警報が出る　a snow storm warning is issued**

④ This week's test has been postponed because most of the students in the class have caught a cold and need time to prepare.

今週のテストは延期します。なぜなら、クラスのほとんどの学生が風邪を引いて、準備する時間が必要だからです。

▶ **延期する　be postponed**　　▶ **準備する　prepare**

〈because of A〉で、「Aのため」という理由を言うこともできます。

⑤ The field trip will be postponed because of severe weather conditions.

校外学習は悪天候のため、延期します。

▶ **校外学習　field trip**　　▶ **悪天候　severe weather conditions**

[理由]，so [結果]

　理由を言った後、その結果を述べる場合は、so を使います。日本語の語順と同じになります。

⑥ A typhoon is approaching, so today's class will be canceled.

台風が近づいているので、今日の授業は休講です。

⑦ The traffic was terrible, so I arrived late to the class.

交通がひどかったため、授業に遅れてしまいました。

▶ **ひどい　terrible**　　▶ **授業に遅れる　arrive late to the class**

先輩・後輩って？

　日本語は、どのような相手かによって言い方を変えることが多くあるため、文法や語彙の説明でも「目上の人」などの表現が頻繁に出てきます。ですが、英語母語話者は普段、「目上の人」「先輩・後輩」「同僚」などの関係を日本語母語話者ほど意識していません。一言で訳すことも難しいため、これらの語を例と一緒に学習者に提示しておくと説明の際、便利です。

人間関係を表すことば（例）　　　🔊 C18

ことば	説明
目上の人	上司・先生など、階級・地位や年齢が自分より上の人 a person superior in rank or status or older than you, such as bosses and teachers
年上の人	年齢が上の人 a person older than you
年下の人	年齢が下の人 a person younger than you
上司	同じ会社の役職が（自分より）上の人 colleagues in a higher position or bosses
部下	同じ会社の役職が（自分より）下の人 colleagues in a lower position or subordinates
同僚	一緒に働く人。同じ役割／役職、同じ地位の人 a person who works with you, a person who has the same role or position, someone of the same status as you or colleagues
同期	会社、学校、部活などの組織に同じ年度に入った人 a person who entered the organization, such as companies, schools and clubs, at the same time or in the same (fiscal or school) year as you or colleagues
先輩	会社、学校、部活などの組織に自分より先に入った人 a person who entered the organization, such as companies, schools and clubs, earlier than you or seniors
後輩	会社、学校、部活などの組織に自分より後に入った人 a person who entered the organization, such as companies, schools and clubs, later than you or juniors

Grammar 19　普通形／丁寧形

考えてみよう！

① 「と思います」を勉強した学習者が、次のように間違えていました。
どう説明したらいいですか。

> **明日は 雨が 降りますと 思います。**

② 英語を日本語にしてください。英語と日本語では何が違いますか。

① ＜先生に／友だちに＞

　What did you <u>eat</u> last night?

② I <u>think</u> that it will <u>rain</u> tomorrow.

答え方のヒント

1 ▶「です・ます」を使う形を丁寧形 (polite forms)、「です・ます」を使わない形を普通形 (plain forms) と呼びます。

	非過去 non-past	過去 past
丁寧形 polite (long) forms	食べます 食べません	食べました 食べませんでした
普通形 plain (short) forms	食べる 食べない	食べた 食べなかった

2 ▶ 日本語には二つのタイプのスタイルがあります。丁寧なスタイルとカジュアルなスタイルです。丁寧なスタイルの文は丁寧形で終わります。一方、カジュアルなスタイルの文は普通形で終わります。例えば、初めて会った人や親しくない人と話すとき、発表するときなどには、丁寧なスタイルを使います。例えば、親しい友だちや家族と話すときなどには、カジュアルなスタイルを使います。

---

① ＜先生に＞

昨日の夜、何を 食べましたか。　　　What did you eat last night?

＜友だちに＞

昨日の夜、何、食べた？　　　What did you eat last night?

---

3 ▶ 丁寧なスタイルの文でも、「と思う」「とき」「そうだ (伝聞)」などの文型の前には、必ず普通形を使うようにしてください。丁寧かどうかには影響しません。文の丁寧さは、文末の動詞によって決まります。

---

② 明日は 雨が 降ると 思います。
　　　　　~~降ります~~

I think that it will rain tomorrow.

Let's say it in English!
🔊 1_19_1

英語で言ってみよう！

1 ▸ We call forms that use です or ます "polite forms" and forms that don't use です or ます "plain forms."

2 ▸ There are two types of styles in Japanese: polite style and casual style. A sentence in polite style ①ends with polite forms. ②On the other hand, a sentence in casual style ends with plain forms. We use polite style, for example, when you speak to ③people whom you meet for the first time or ④people who are not close, or when you ⑤make presentations. We use a casual style, for example, when you speak to ⑥close friends or family.

3 ▸ ⑦Make sure to use plain forms before ⑧certain grammar, ⑨such as と思う, とき or そうだ (I hear,) ⑩even in polite style sentences. It doesn't ⑪affect ⑫whether it's polite or not. The politeness of the sentence ⑬is determined by the verb at the end of the sentence.

🔑 ① **end with A** (A で終わる)　② **on the other hand** (一方)
③ **people whom you meet for the first time** (初めて会った人)
④ **people who are not close** (親しくない人)　⑤ **make presentation** (発表する)
⑥ **close friend** (親しい友だち)　⑦ **make sure to do** (必ず〜するようにしてください)
⑧ **certain A** (ある A)　⑨ **such as A** (A など)　⑩ **even 〜** (〜ても)
⑪ **affect A** (A に影響する)　⑫ **whether A or not** (A かどうか)
⑬ **be determined by A** (A によって決まる)

Teaching Tips
👉 教えるときのポイント

　　　　　　　　文末に使われる「丁寧形」「普通形」は、文体として丁寧かどうかを示す役割があります。英語にはこのような区別はありませんが、日本語では文体はとても大切です。一方、「と思います」など、特定の文型の前では、丁寧かどうかに関係なく、普通形を用います。丁寧にしようと思って「です・ます」を入れると、非文法的（ungrammatical）になるので注意が必要です。学習者が混乱しないように、二つの違いについて補足できると、理解が深まります。

授業で使える英語表現

> ## 「と思う」の前には、**必ず普通形を使うようにしてください。**

　学習者に「必ずやってください」や「忘れずにやってください」といった指示を出すとき、〈You must *do*〉や〈Don't forget to *do*〉と言うと、少し押しつけている印象を与えます。そこで、ここでは授業でよく使う〈Make sure (that) S + V ~〉という表現を学びましょう。

◀》 1_19_2

① Make sure that you use the plain forms before と思う.
「と思う」の前には、必ず普通形を使うようにしてください。
▶ **普通形　plain forms**

② Make sure you use the polite forms here.
ここでは、必ず丁寧形を使うようにしてください。
▶ **丁寧形　polite forms**

③ Make sure you take the test.
必ずテストを受けるようにしてください。
▶ **テストを受ける　take the test**

　make sure の後に「to 不定詞」を付けて、〈make sure to *do*〉として、「必ず～するように（してください)」と言うこともできます。

④ Please make sure to come to the class on time.
必ず、時間通りにクラスに来るようにしてください。
▶ **時間通りに　on time**

⑤ Please make sure not to forget your assignments next time.
くれぐれも、次回、課題を忘れないようにしてください。
▶ **課題　assignment**

(Please) make sure (that) S + V ~
(Please) make sure to *do*
必ず〜するようにしてください
(Please) make sure not to *do*
くれぐれも〜しないようにしてください

STEP UP!

〈Make sure (that) S + V ~〉や〈Make sure to *do*〉は、〈Be sure to *do*〉にも置き換えることができます。

⑥ Be sure to write the plain past form of a verb（タ form）here.

ここは、必ず動詞の普通形過去（タ形）で書くようにしてください。

▶ 動詞の普通形過去（タ形） plain past form of a verb（タ form）

⑦ Be sure to take the test.

必ずテストを受けるようにしてください。

⑧ Be sure to follow the instructions.

必ず指示に従うようにしてください。

▶ 指示 instructions

Be sure to *do*
必ず〜するようにしてください

「です・ます」はいつまで使う？

日本語学習者から、友だちやホストファミリーにはいつまで「です・ます」を使うべきかという相談を受けることがあります。実際に日本の大学に留学したアメリカ人の学生から、日本人の友だちに「です・ます」を使って話していたら、自然ではないと指摘されたという話や、ホストファミリーから「です・ます」を使わなくてもいいと言われたという話を聞いたことがあります。一方で、留学生が初めから「です・ます」を使わないカジュアルな話し方をすると、現地の人から少し驚かれることもあるようです。また、日本に留学した後、カジュアルな話し方に慣れた学習者が先生にも「です・ます」を使わずに話すようになってしまうこともあります。

ビジネスの場面では、「です・ます」を使った話し方が基本ですが、日常の場面では、相手との関係や場面など、さまざまな要因によって話し方が変わります。日本人の大学生の場合は、同じ学年同士の場合は初めから敬語を使わずに話し、相手の年齢が自分より上か下かわからない場合は、まずは丁寧な形を使い、その後、相手が同じ年か自分より下とわかったら、カジュアルな形に変える人も多いようです。

日本語学習者の場合、このような状況による判断は簡単ではありません。わからないときは、「です・ます」を使ったほうがいいか、相手に聞いてみるように伝えておくと、学習者もいざというときに困らないかもしれません。

🔊 C19

Should I use the polite forms when I meet friends in Japan?
日本で友だちに会ったとき、丁寧形（です・ます形）を使ったほうがいいですか。

If you are not sure, you may want to ask your friend if you should use the polite forms.
もしわからなかったら、友だちに丁寧形を使ったほうがいいか、聞くといいでしょう。

Grammar 20 〜とき、〜

考えてみよう！

① 「とき」を勉強した学習者が、次のように間違えていました。
どう説明したらいいですか。

> 日本へ **行った**とき、ビザを 取りました。

② 英語を日本語にしてください。英語と日本語では何が違いますか。

① I got a visa <u>when I was going to Japan</u>.

② <u>When I arrived in Japan</u>, I called my family.

答え方のヒント

1 ▶「AときB」の文では、Bがメインの出来事です。日本語では、メインの出来事であるBの前に、Aの出来事が終わっているのか、終わっていないのかによって、Aの時制（テンス）を変えます。

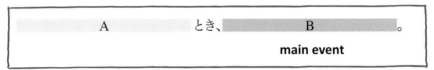

2 ▶ まだAの出来事が終わっていないとき、Aは非過去（non-past tense）を使います。二つの出来事が過去に起きた場合でも、非過去を使います。ビザを取るとき、「日本へ行く」は終わっていないので、「日本へ行くとき、ビザを取りました」と言います。

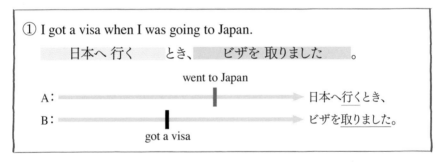

3 ▶ Aの出来事がすでに終わっているとき、過去（past tense）を使います。例えば、「日本に着く」は、家族に電話する前に終わっているので、「日本に着いたとき、家族に電話しました」と言います。

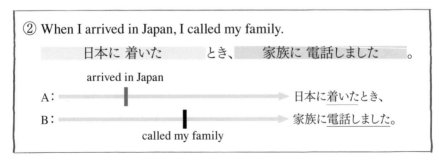

英語で言ってみよう！

1 ▶ In an "A とき B" sentence, B is the main event. In Japanese, you change the ①tense in A ②depending on ③whether the event A has finished or not, before the main event B.

2 ▶ When event A has not finished, you use the ④non-past tense. ⑤Even if the two events ⑥took place ⑦in the past, you use the non-past tense. When you got a visa, 日本へ行く was not finished, so you say 日本へ行くとき、ビザを取りました.

3 ▶ When event A has already finished, you use the ⑧past tense. For example, because 日本に着く was finished before you called your family, you say 日本に着いたとき、家族に電話しました.

🔑 ① **tense**（時制／テンス）　② **depending on A**（A によって）
③ **whether A or not**（A かどうか）　④ **non-past**（非過去）
⑤ **even if ~**（〜ても）　⑥ **take place**（起きる）　⑦ **in the past**（過去に）
⑧ **past**（過去）

Teaching Tips
👆教えるときのポイント

　　　　　　　日本語の時制は、主節と従属節の相対的な時間関係（前後関係）を表す**相対時制**です。一方、英語の時制は、主節の時制が過去なら、従属節の時制も過去にする必要があり（時制の一致）、**絶対時制**です。英語では、I got a visa before I went to Japan.（日本に行く前にビザを取りました）のように before や after を使うと、前後関係を明確に伝えることができます。なお、アメリカ英語とイギリス英語でも時制の表し方には違いがあり、アメリカ英語の場合、過去完了を用いず、単純過去形を用いることがよくあります。
　日本語と英語では時制のタイプが異なるため、「とき」を勉強すると、混乱する学習者もいます。ルールを頭に入れること、そして、英語との違いを知っておくといいでしょう。

授業で使える英語表現

終わったら、パートナーと答えを確認してください。

　英語では、「終わったら、〜をしてください」のような指示を言う場合、after を使います。You are finished は、〈be 動詞＋過去分詞〉が使われていますが、〈be finished〉で「終わる」という定型表現として使われます。After you are finished の代わりに、After you are done も同じ「終わったら」という意味を表します。

🔊 1_20_2

① After you are finished, check your answers with your partner.
　終わったら、パートナーと答えを確認してください。
　▶ 答えを確認する　check your answers

② After you are done, hand it to me.
　終わったら、（私に）提出してください。
　▶ A（人）に提出する　hand it to A（人）

まとめ

After you are { finished, done, } (please) do

終わったら、〜してください

　After you have finished the exam のように finish が目的語を取る場合は、〈have finished + 目的語〉のパターンが好まれます。finish の後ろには名詞の他に動詞の ing 形を使い、「〜し終えたら」という意味を表すこともできます。

③ After you have finished the exam, please wait outside the classroom.
　試験を終えたら、教室の外で待っていてください。
　▶ 教室の外で　outside the classroom

④ After you have finished watching the video, discuss it with your partner.

ビデオを見終えたら、パートナーと話し合ってください。

▶ **A と B について話し合う　discuss B with A**

⑤ After you have finished talking to your partner, switch roles and repeat the activity.

パートナーと話し終えたら、役割を交代して、活動をくり返してください。

▶ **役割を交代する　switch roles**

まとめ

After you have finished { A, / doing ~, } (please) *do*

Aを終えたら／〜し終えたら、〜してください

STEP UP!

　次に、〈After S + V ~, *do*（命令文）〉（〜したら、〜してください）を使って、指示を出す練習をしましょう。

⑥ After you choose a topic for your speech, do some research on it.

スピーチのトピックを選んだら、それについて調べてください。

▶ **A について調べる　research on A**

⑦ After you practice the dialogue with your partner, present it in front of the class.

パートナーと会話を練習したら、クラスの前で発表してください。

▶ **会話　dialogue**　　▶ **発表する　present**

〈After S + V ~〉の後には命令文以外にも、〈I'd like A (人) to *do*〉（A に〜してもらいたい）など、次に続く行動について言うことができます。

⑧ After you practice the dialogue with your partner, I'd like some volunteers to present in front of the class.
パートナーと会話を練習したら、誰かにクラスの前で発表してもらいたいと思います。

After S + V ~ {
　　　　do
　　　　I'd like A (人) to *do*
}

〜したら、〜してください／A（人）に〜してもらいたいと思います

PART 2

学習者からの質問に答える！

ことば

How to answer questions from learners!
Phrases

About this part

　挨拶やお礼、謝罪など、短いことばの中にも、言語や文化の違いが多く含まれています。これらは短い一言ですが、相手との関係を築いたり、関係を続けたりするためにとても大切です。

　また、コミュニケーションにおいて、自分の気持ちを言葉で伝えることも大切です。しかし、日本語と英語では表現の仕方が異なり、そのニュアンスを理解することは簡単なことではありません。

　PART 2 では、このような「ことば」について、英語にはない表現、英語では一言で表せない表現、英語と違いがある表現を中心に、英語で説明する方法を学んでいきましょう。

おつかれさま（です）

When do you use おつかれさま（です）？

「おつかれさま（です）」は、いつ使いますか。

Hints on how to answer
答え方のヒント

「おつかれさま（です）」は、仕事など、労力に対するねぎらいの表現として使うことができます。

1 ▶ 「おつかれさま（です）」には、主に三つの使い方があります。

▶ **何かを始めるときの挨拶**
「おつかれさま（です）」は、職場に入って、働いている同僚に偶然会ったときに、挨拶として使うことができます。

▶ **途中の挨拶**
「おつかれさま（です）」は、大変な仕事に対するねぎらいを表すために、まだ相手が働いていても、使うことができます。

▶ **終わりの挨拶**
「おつかれさま（です）」は、あなたが先に職場を出るときにも、誰かがあなたより前に、職場を出るときにも使います。
例）A：<u>おつかれさまです。</u>**お先に失礼します。** See you tomorrow.
　　B：**おつかれさまです。** See you.

2 ▶ 「おつかれさまです」は、目上の人に使いすぎないほうがいいです。失礼に聞こえることがあります。教室を出るときは、先生には「ありがとうございました」を使います。

Let's say it in English!　🔊 2_01

英語で言ってみよう！

🔑 ① **appreciation**（ねぎらい）　② **effort**（労力）　③ **such as A**（A など）

④ **greeting**（挨拶）　⑤ **workplace**（職場）　⑥ **bump into A**（A に偶然会う）

⑦ **colleague**（同僚）　⑧ **You should not ~**（〜しないほうがいい）

⑨ **That would sound A**（A に聞こえることがある）

You can use おつかれさま（です）as an expression of ①appreciation for someone's ②efforts, ③such as work.

1 ▶ おつかれさま（です）has three main uses.

　　▶ You can use おつかれさま（です）as a ④greeting when you enter the ⑤workplace and ⑥bump into a ⑦colleague who has been working.

　　▶ You can use おつかれさま（です）to express appreciation for someone's hard work even though they are still working.

　　▶ You can use おつかれさま（です）both when you leave the workplace first, and when someone leaves the workplace before you do.

2 ▶ ⑧You should not use おつかれさまです too much with 目上の人. ⑨That would sound impolite. You use ありがとうございました with your teachers when you leave classrooms.

　　▶ **目上の人** a person superior in rank or status or older than you, such as bosses and teachers

Teaching Tips

👉教えるときのポイント

　　　　　　　「おつかれさま（です）」には、さまざまな使い方があり、英語で一言で表すことはできない表現です。ビジネス以外の場面でも、グループワークで作業中の友だちに「おつかれ」と言ったり、忙しい知人に「おつかれさま」とメッセージを送ったりするなど、幅広い場面で使われます。「おつかれさまです」はアルバイトでもよく使われるので、挨拶として覚えた学習者が先生に「おつかれさまです」と言うことがありますが、先生に対しては言わないので注意が必要です。

どうも

What is どうも？

「どうも」は、何ですか。

Hints on how to answer
答え方のヒント

「どうも」には、主に二つの使い方があります。

1 ▸ very

「どうも」は、「ありがとうございます」または「すみません」にプラスして、とても感謝したり、とても申し訳ないと言いたいときに使うことができます。

2 ▸ thanks

「どうも」は、それだけで気軽な挨拶やお礼として言うことができます。ですが、「どうも」は軽い調子に聞こえるので、目上の人やフォーマルな場面では、挨拶やお礼として使うことができません。

例）＜電車で＞

A：傘、忘れていますよ。 You left your umbrella.

B：あ、どうも。 Ah, thanks.

＜結婚式で＞

A：結婚、おめでとう。
Congratulations on your
wedding.

B：あ、ありがとうございます。

Thank you.

英語で言ってみよう！

🗝 ① **be grateful**（感謝する）　　② **sorry**（申し訳ない）
③ **casual**（気軽な／軽い調子に）　　④ **greeting**（挨拶）　　⑤ **thanks**（お礼）
⑥ **in formal settings**（フォーマルな場面で）　　⑦ **it sounds A**（A に聞こえる）

どうも has two main uses.

1 ▸ You can use どうも plus ありがとうございます or すみません if you want to say you are very ①grateful or very ②sorry.

2 ▸ You can say どうも only as ③casual ④greetings or casual ⑤thanks. But you cannot use it as greetings or thanks with 目上の人 or ⑥in formal settings because ⑦it sounds casual.

▷ 目上の人　**a person superior in rank or status or older than you, such as bosses and teachers**

Teaching Tips

👆教えるときのポイント

　　　　　　お礼を表す「どうもありがとうございます」や「どうも」という言い方は、挨拶の表現として初級の最初に出てきますが、詳しく教えることはないため、学習者から「どうも」が何か聞かれることがあります。特に挨拶やお礼として使う「どうも」は、相手や状況によっては失礼になるため、軽い挨拶であることを伝えられるといいでしょう。

すみません

> ## Why do Japanese people always apologize?
>
> 日本人は、どうしていつも謝っていますか。

Hints on how to answer

答え方のヒント

「すみません」は、よく謝罪として使用されますが、他の使い方もあります。

1 ▶ **謝罪**

「すみません」は、小さいミスに対する謝罪として使うことができます。

例）＜電車の中で誰かの足を踏んでしまい…＞
あ、<u>すみません</u>。　Sorry.

2 ▶ **感謝**

「すみません」は、感謝を表すために使うことができます。
「すみません」は、ある程度の相手への負担を暗に含みます。

例）＜ハンカチを拾ってもらい…＞
<u>すみません</u>。　Thank you.

3 ▶ **呼びかけ**

「すみません」は、誰かの注意を引くときに使うことができます。

例）すみません、注文、いいですか。　Excuse me, can I order?

4 ▶ **前置き**

「すみません」は、相手が話していたり、何かしていることを中断させるときにも使うことができます。この場合、英語の Excuse me ...と同じです。

例）すみません（が）、今、ちょっといいですか。
Excuse me, do you have a minute?

Let's say it in English!　◀)) 2_03

英語で言ってみよう！

① **apology**（謝罪）　② **minor mistake**（小さいミス）　③ **gratitude**（感謝）
④ **imply A**（A を意味する／暗に含む）　⑤ **a degree of A**（ある程度の A）
⑥ **imposition**（相手への負担）　⑦ **get someone's attention**（誰かの注意を引く）
⑧ **interrupt A**（A を中断させる）　⑨ **it's just like A**（A と同じだ）

すみません is often used as an ①apology, but it has other uses.

1 ▸ You can use すみません as an apology for a ②minor mistake.

2 ▸ You can use すみません to express ③gratitude. すみません ④implies ⑤a degree of ⑥imposition.

3 ▸ You can use すみません when you ⑦get someone's attention.

4 ▸ You can also use すみません when you ⑧interrupt someone who is talking or doing something. In this case, ⑨it's just like "Excuse me ..." in English.

Teaching Tips
教えるときのポイント
　　もともと「すみません」は「気持ちが済まない」からきた言葉で、相手の労力に対する気遣いを含む日本語らしい表現です。しかし、「すみません ＝ 謝罪」と思い、日本人はいつも謝っていると感じる学習者もいます。いつも謝罪しているわけではないことを場面ごとに説明できるといいでしょう。

よろしく（お願いします）

What does よろしく mean in English?

「よろしく」は、英語でどういう意味ですか。

答え方のヒント

「よろしく」には、いくつかの使い方があります。「よろしく」は、"Nice to meet you."
"Thank you for your help." "Goodbye." を言うのに使うことができます。正確な意味
は気にしないでください。ただ文の中でどのように使われているかに注目してください。

1 ▸ 初対面での挨拶

誰かに初めて会ったとき、よく
「どうぞよろしく（お願いしま
す）」を使います。良い関係を築
きたいという願いを表していま
す。

Nice to meet you.

Thank you for your help.

2 ▸ 聞き手へのお願い

誰かに手伝ってもらいたいとき、「よろしくお願いします」を使うことがで
きます。

例）英語のチェック、よろしくお願いします。

Please check my English.

3 ▸ メールや会話の終わり

メールや会話を終えるときに、よく「よろしくお
願いします」を使います。お願いをしなくても、
使うことができます。

Let's say it in English!
🔊 2_04

英語で言ってみよう！

🔑 ① **notice A**（Aに注目する）　② **how it is used**（どのように使われているか）
③ **desire**（願い）　④ **build good relations**（良い関係を築く）
⑤ **want someone to help you**（誰かに手伝ってもらいたい）　⑥ **even if ~**（〜ても）
⑦ **ask for a favor**（お願いをする）

よろしく has several uses. You can use よろしく to say "nice to meet you," "Thank you for your help," or "Goodbye." Don't worry about the exact meaning. Just ① notice ② how it is used in these sentences.

1 ▶ When you meet someone for the first time, you often use どうぞよろしく（お願いします。）You are expressing a ③ desire to ④ build good relations.

2 ▶ When you ⑤ want someone to help you, you can use よろしくお願いします.

3 ▶ When closing emails or conversations, you often use よろしくお願いします. You can use it ⑥ even if you don't ⑦ ask for a favor.

Teaching Tips
👆教えるときのポイント

　１の表現は、初級の最初の自己紹介で勉強しますが、２や３の表現は、すぐには勉強しないことが多いです。特に仕事の場面では、よく使うので、知っておくと便利です。なお、英語では、まだ了解を得ていなくても、前もって Thank you in advance. とお礼を伝えることがあります。そのため、メールの最後に「ありがとうございます」と書く学習者がいますが、了解を得る前にお礼を言うのは失礼なので、注意が必要です（詳しくは p. 80 へ）。

大丈夫（です）

> ## Does 大丈夫です means okay or not?
>
> 「大丈夫です」は OK という意味ですか、OK じゃありませんか。

Hints on how to answer
答え方のヒント

「大丈夫」は、肯定的な返事と否定的な返事の両方に使います。「大丈夫」の意味は、質問のタイプによって変わります。

1 ▶ **必要かどうか**（大丈夫です＝必要ありません、**No**, thanks.）

必要かどうかの質問に答えるとき、「大丈夫」は必要ではないという意味です。「結構です」と言うこともできますが、少しきつく聞こえます。

例）店員：袋は、どうしますか。
　　　　Do you need a plastic bag?
　　客：大丈夫です。（ありがとうございます。）
　　　　No, thanks.

2 ▶ **問題ないかどうか**（大丈夫です＝問題ありません、**No**, it's okay.）

何かが問題ないかどうかの質問に答えるとき、「大丈夫」は問題ないことを示します。

例）A：部屋、寒い？　Is it cold in this room?
　　B：大丈夫！（心配しないで。）　No, it's okay! (Not to worry.)

3 ▶ **可能かどうか**（大丈夫です＝できます、**Yes**, I can.）

可能かどうかの質問に答えるとき、「大丈夫」は可能であるという意味です。

例）A：明日のパーティー、参加できますか。　Can you join the party tomorrow?
　　B：はい、大丈夫です！　Yes, I can!

英語で言ってみよう！

- ① **positive**（肯定的な）　② **negative**（否定的な）　③ **response**（返事）
- ④ **depending on A**（A によって）　⑤ **question type**（質問のタイプ）
- ⑥ **harsh**（きつい）　⑦ **indicate A**（A を示す）

You use 大丈夫 for both ①positive and ②negative ③responses. The meaning of 大丈夫 changes ④depending on the ⑤question type.

1 ▸ When answering a question about whether you need it or not, 大丈夫 means you don't need it. You can also say 結構です, but it sounds a bit ⑥harsh.

2 ▸ When answering a question about whether something is a problem or not, 大丈夫 ⑦indicates no problem.

3 ▸ When answering a question about whether it's possible or not, 大丈夫 means it's possible.

Teaching Tips
教えるときのポイント

　特に 1 の「必要ありません」の意味の「大丈夫」は、学習者にとって理解しにくい表現です。必要なときは「お願いします」と言うことも一緒に伝えておくといいでしょう。なお、コンビニなどで袋を断る場合は、「いりません」などの表現もありますが、若い人ほど「大丈夫です」を使うと言われています。お店で何と言っているかを観察してみたり、周りの日本人に聞いてみたりする活動もおもしろいでしょう。

お邪魔します／失礼します

What's the difference between
お邪魔します and 失礼します？

「お邪魔します」と「失礼します」は、どう違いますか。

Hints on how to answer
答え方のヒント

「お邪魔します」と「失礼します」は、とても似ています。特定の場面を覚えておくと役に立ちます。

1 ▶ 「お邪魔します」は、誰かの家や取引先などの会社に入るときに使います。出るときは、「お邪魔しました」を使います。また、「お邪魔します」は、誰かが何かしているのを中断させるときにも使います。中断させたことを謝るときは、「お邪魔しました」を使います。

2 ▶ 「失礼します」は、誰かの会社などに入るとき、また、出るときにも使うことができます。

3 ▶ 「失礼します」は、他のいろいろな場面でも使うことができます。例えば、面接室に入るとき、会議を一時的に退席し、戻ってくるとき（戻ってきたときは、「失礼しました」と言います）、同僚より先に退勤するときなどです。このようなとき、「お邪魔します」は使いません。

おじゃまします

!?

Let's say it in English!　　　　　　　　　　　　　　　　　　　◀» 2_06

英語で言ってみよう！

① **specific**（特定の）　② **such as A**（A など）　③ **client's office**（取引先の会社）
④ **interrupt A**（A を中断させる）　⑤ **apologize**（謝る）　⑥ **temporarily**（一時的に）
⑦ **leave work**（退勤する）

お邪魔します and 失礼します are very similar. It helps to remember ①specific situations.

1 ▸ You use お邪魔します when you enter someone's house or office, ②such as a ③client's office. When you leave, you use お邪魔しました. You also use お邪魔します when you ④interrupt someone who is doing something. When you ⑤apologize for interrupting someone, you use お邪魔しました.

2 ▸ You can use 失礼します when you enter someone's office, and again when you leave.

3 ▸ You can also use 失礼します in many other situations. For example, when entering a room for an interview, leaving a meeting ⑥temporarily and then returning (you use 失礼しました when you return) and ⑦leaving work before your colleagues. You don't use お邪魔します in those cases.

Teaching Tips

👆教えるときのポイント

　　　　　　　　他の人の家や会社に入るとき、英語では、Excuse me. May I come in?（すみません、入ってもいいですか）、Thank you for inviting me.（招待ありがとうございます）などの表現がありますが、「お邪魔します」や「失礼します」とぴったり同じ表現はありません。また、日本語では、出るときも「お邪魔しました」「失礼します」と言いますが、英語では、Thank you for your time.（お時間をいただき、ありがとうございました）など、お礼を伝える表現を使います。

病気／体調が悪い／調子が悪い

> **My boss was surprised when I said**
> **スミスさんは病気です. Why?**
>
> 「スミスさんは病気です」と言ったら、上司が驚きました。どうしてですか。

Hints on how to answer
答え方のヒント

普段の会話では、病気は非常に重く聞こえます。代わりに、「体調が悪い」を使うことができます。

1 ▸ 病気
普段の会話では、「病気」は、風邪などの一時的な病気ではなく、重い病気を暗に意味します。

2 ▸ 体調が悪い
「体調が悪い」は広く使われていて、体の調子が良くないことを示します。重い病気でも、それほど重くない病気でも使うことができます。

3 ▸ （〜の）調子が悪い
「調子が悪い」は「体調が悪い」と似ています。体のどの部分か限定することができます。例えば、「胃の調子が悪い」などです。「調子」は、動いているものの状態を示すので、他の文脈でも使うことができます。例えば、「ネット接続の調子が悪い」などです。

英語で言ってみよう！

🗝 ① **serious**（重い／深刻な／重大な）　② **instead**（代わりに）

　　③ **imply A**（A を意味する／暗に含む）　④ **illness**（病気）　⑤ **temporary**（一時的な）

　　⑥ **such as A**（A など）　⑦ **be widely used**（広く使われている）

　　⑧ **indicate A**（A を示す）　⑨ **be similar to A**（A と似ている）

　　⑩ **specify A**（A を限定する）　⑪ **condition**（状態）

　　⑫ **moving things**（動いているもの）　⑬ **in other contexts**（他の文脈で）

In daily conversation, 病気 sounds extremely ①serious. You can use 体調が悪い ②instead.

1 ▶ In daily conversation, 病気 ③implies a serious ④illness and not a ⑤temporary illness ⑥such as a cold.

2 ▶ 体調が悪い ⑦is widely used, and ⑧indicates that you are not feeling well. You can use it with both serious and not-so-serious illnesses.

3 ▶ 調子が悪い ⑨is similar to 体調が悪い. You can ⑩specify which part of the body. For example, 胃の調子が悪い (My stomach feels bad.) 調子 indicates the ⑪conditions of ⑫moving things, so you can also use 調子 ⑬in other contexts. For example, ネット接続の調子が悪い (My internet connection is really bad.)

Teaching Tips

👆教えるときのポイント

　　　　　　　初級の最初の段階では、「体調が悪い」は習わないことが多く、「病気」を使う学習者も多いです。ですが、「病気」がどのような状況で使われるかはあまり教わることがありません。生活に必要な表現なので、ニュアンスも一緒に説明しておくといいでしょう。

　英語では、軽い症状のときは not feel well（例えば、I don't feel well.）、重い症状のときは be seriously ill（例えば、She is seriously ill.）がよく使われます。seriously を付けることで、重い症状であることが明確になります。

得意／上手

What's the difference between 得意 and 上手?

「得意」と「上手」は、何が違いますか。

Hints on how to answer

答え方のヒント

「得意」も「上手」も、どちらも優れていること（good at）を意味しますが、二つの間に少し違いがあります。

1 ▶ 「得意」は、基本的に、他の人についても、自分自身について話すのにも使うことができます。ですが、「上手」は、他の人について話すのにだけ使うことができます。自分自身について話すのに「上手」を使うと、自慢しているように聞こえます。

例）＜面接で＞
　　私はピアノが得意です。 I'm good at piano.
　　　　　上手

2 ▶ 「得意」は、どのようなスキルについても言えますが、「上手」は、教科、コンピューターなど、知的なスキルについては使いません。

例）彼は数学が得意です。 He's good at mathematics.
　　　　　上手

3 ▶ 日本人は謙遜する傾向があり、自慢しているように聞こえる表現は避けます。

例）A：日本語、上手ですね。
　　　You are good at Japanese.
　　B：○いいえ、まだまだです。
　　　No, I still have a long way to go.
　　　×はい、上手です／得意です。
　　　Yes, I am (good at Japanese).

英語で言ってみよう！

> ① **it sounds like A**（A のように聞こえる）　　② **brag**（自慢する）
> ③ **intellectual**（知的な）　　④ **such as A**（A など）　　⑤ **tend to do**（〜する傾向がある）
> ⑥ **humble**（謙遜する）　　⑦ **avoid A**（A を避ける）

Both 得意 and 上手 mean "good at," but there are a few differences between the two.

1 ▶ You can basically use 得意 to talk about both other people and yourself. But, you can use 上手 only to talk about other people. If you use 上手 to talk about yourself, ①it sounds like you are ②bragging.

2 ▶ You can use 得意 for any skill, but don't use 上手 for ③intellectual skills ④such as academic subjects or computer skills.

3 ▶ Japanese people ⑤tend to be ⑥humble and ⑦avoid expressions that sound like bragging.

Teaching Tips

👉教えるときのポイント

　　　　　　　　　英語では、「得意」も「上手」も違いがなく、同じ言葉（good at）に訳されるため、英語話者にとって区別するのは難しいです。また、日本では、就職のための面接など、特別な場面を除いて自分の能力をほめることはせず、謙遜することが多いので、注意が必要です。
　　練習するときは、「○○さんは、字が上手です」「○○さんは、サッカーが得意です」など、自分以外の人を主語にしたり、「いや、そんなことないよ」「全然だよ」など、ほめられたときの反応も教えられるといいでしょう。

うるさい

Hints on how to answer

答え方のヒント

「マイクの音がうるさいです」と言うことはできますが、相手を怒らせる可能性があります。

1 ▸ 「うるさい」は、否定的な意味合いがあります。騒音のために、話し手がいらだっている気持ちを含んでいます。

例）昨日の夜は外がとてもうるさかったので、よく眠れませんでした。
    Because it was so noisy outside last night, I couldn't sleep well.

2 ▸ 否定的な意味合いを表したくないときは、「うるさい」の代わりに、「音が大きい」を使います。

例）マイクの音が大きいので、少し小さくしてもらえませんか。
    Because your microphone is loud, could you turn down the volume a little?

3 ▸ 「うるさい！」には、"Shut up!" と同じ意味もあります。

例）＜授業中、騒いでいる生徒に＞
    先生：うるさい！ Shut up!

英語で言ってみよう！

⚷ ① **make someone angry**（誰かを怒らせる）　　② **negative**（否定的な）
③ **connotation**（意味合い）　　④ **include A**（A を含む）　　⑤ **irritation**（いらだち）
⑥ **instead of A**（A の代わりに）

You can say マイクの音がうるさいです, but you might <u>make someone angry</u>.
　　　　　　　　　　　　　　　　　　　　　　　　　①

1 ▸ うるさい has a <u>negative</u> <u>connotation</u>. It <u>includes</u> the speaker's feeling
　　　　　　　　②　　　　　③　　　　　　　　④
　of <u>irritation</u> because of the noise.
　　　⑤

2 ▸ You use 音が大きい <u>instead of</u> うるさい when you don't want to express a
　　　　　　　　　　　⑥
　negative connotation.

3 ▸ うるさい! also has the same meaning as "Shut up!"

Teaching Tips

👆 教えるときのポイント

　　　　　　　言葉を教えるときには、その言葉が与える印象も一緒
に教えておくことが大切です。「うるさい」は、強い否定の意味合いがあるので、
注意が必要です。同じ言葉でも、場面によって注意したほうがいい場合もありま
す。例えば、「おじさん」「おばさん」は、伯父、伯母などの意味で使う場合は問
題ありませんが、知らない人に呼びかけるときに、「おばさん」と言ったり、「（話
し方が）おばさんっぽい（You sound like an old lady.）」と言うときは、否定的
な意味も持つので注意が必要です。

残念ですね

> ## Can I say 残念ですね to my friend
> ## when she gets hurt?
>
> 友だちが怪我をしたとき、「残念ですね」と言うことはできますか。

Hints on how to answer
答え方のヒント

「残念ですね」は、普通、怪我をした人には使いません。代わりに「大変ですね」を使います。

1 ▶ 誰かが病気になったり、事故にあったとき、「残念ですね」は、使いません。事が重大でなければ、「残念ですね」の代わりに「大変ですね」と言います。

　例) A：昨日、足を怪我しました。
　　　　I injured my leg yesterday.
　　　B：それは、<u>大変ですね</u>。お大事に。
　　　　~~残念ですね~~
　　　　I'm sorry to hear that. Take care.

2 ▶ 「残念ですね」は、したかったことができず、がっかりしている人に言います。

　例) A：台風で、旅行に行けませんでした。
　　　　I couldn't travel because of typhoon.
　　　B：それは、<u>残念でしたね</u>。 That's too bad.

3 ▶ 誰かが亡くなったときは、お悔やみを表すために、「ご愁傷さまです」など定型表現を使います。しかし、小さい声で「そうですか」と言うことも多いです。

英語で言ってみよう！

🗝 ① **injured**（怪我をした）　② **instead**（代わりに）　③ **get sick**（病気になる）
④ **have an accident**（事故にあう）　⑤ **matter**（事）
⑥ **serious**（重い／深刻な／重大な）　⑦ **instead of A**（A の代わりに）
⑧ **be disappointed**（がっかりした）　⑨ **pass away**（亡くなる）
⑩ **fixed phrase**（定型表現）　⑪ **such as A**（A など）　⑫ **sympathy**（お悔やみ）
⑬ **we often ~**（～することが多い／よく～する）

You don't usually use 残念ですね to an ①injured person. ②Instead, you use 大変ですね.

1 ▸ You don't use 残念ですね when someone ③gets sick or ④has an accident. If the ⑤matter is not ⑥serious, you say 大変ですね ⑦instead of 残念ですね.

2 ▸ You say 残念ですね to a person who ⑧is disappointed because they didn't get what they wanted.

3 ▸ When somebody ⑨passed away, you use ⑩fixed phrases ⑪such as ご愁傷さまです to express ⑫sympathy. But, ⑬we often say そうですか in a small voice.

Teaching Tips

☞教えるときのポイント

　　　　　　相手をなぐさめる表現について、どう言えばいいか、学習者から質問されることがあります。英語の I'm sorry to hear that. には、「残念でしたね」「お気の毒に」「大変でしたね」など複数の意味があるため、「お気の毒に」「大変でしたね」と言うべきところ、すべて「残念」と言ってしまう場合があります。また、同じように、英語の poor から、「かわいそう」を使う学習者もいますが、特に目の前にいる相手には使わないので注意が必要です。

Phrase 11　ワクワク／ドキドキ

What's the difference between
ワクワク and ドキドキ？

「ワクワク」と「ドキドキ」は、どう違いますか。

Hints on how to answer
答え方のヒント

「ワクワク」と「ドキドキ」は、気持ちを表すオノマトペ表現です。日本語にはたくさんのオノマトペがあります。オノマトペを使うと、気持ちをリアルに表現することができます。

1 ▶ 「ワクワク」は、何かおもしろいことや楽しいことを期待しているときに使います。

例）明日、初めて京都に行くので、ワクワクしています。
I'm excited because I'm going to Kyoto for the first time tomorrow.

2 ▶ 「ドキドキ」は、心配だったり、緊張したりしているため、心臓が早く動いているときに使います。

例）これからテストなので、ドキドキしています。
I'm nervous because I'm having a test now.

3 ▶ 「ドキドキ」は、うれしさと不安が混ざった気持ちに対しても使うことができます。

例）もうすぐ大好きな歌手に会うので、ドキドキしています。
I'm excited because I'm going to meet my favorite singer soon.

Let's say it in English! 　　　　　　　　　　　　　　　　　　　　◀)) 2_11

英語で言ってみよう！

🔑 ① **onomatopoeia**（オノマトペ）　② **realistically**（リアルに）
③ **anticipate A**（A を期待する）　④ **pleasurable**（楽しい）
⑤ **heart is beating**（心臓が動いている）　⑥ **worried**（心配だ）
⑦ **nervous**（緊張する）　⑧ **anxiety**（不安）

ワクワク and ドキドキ are ①onomatopoeia expressions that express feelings. Japanese has many onomatopoeia. You can express your feelings ②realistically by using onomatopoeia.

1 ▸ You use ワクワク when you're ③anticipating something exciting or ④pleasurable.

2 ▸ You use ドキドキ when your ⑤heart is beating fast because you ⑥are worried or ⑦nervous.

3 ▸ You can also use ドキドキ for mixed feelings of happiness and ⑧anxiety.

Teaching Tips

👆教えるときのポイント

　　　　　　日本語には、英語と比べて多くのオノマトペがあり、日本語母語話者は、オノマトペを使って、気持ちや様子を細かく表現します。しかし、英語で一言で訳すのは難しく、学習者にとっては、理解がとても難しいです。例えば、英語では同じ excited でも、日本語ではそのときの気持ちによって、「ワクワク」と「ドキドキ」を使い分けます。

　まずは、日本語にはオノマトペがたくさんあることや、オノマトペにより、気持ちや様子を細かく表現できることを伝えられるといいでしょう。

楽しい／うれしい／おもしろい

What's the difference between
楽しい, うれしい **and** おもしろい？

「楽しい」「うれしい」「おもしろい」は、何が違いますか。

Hints on how to answer
答え方のヒント

「楽しい」は継続的な喜びの気持ち、「うれしい」はその瞬間の喜びの気持ちを示します。「おもしろい」は何かを興味深いと感じるときに使います。

1 ▶ 楽しい (fun, enjoy)

「楽しい」は、何かをしているときの喜びの気持ちを示します。

例）A：日本語の勉強はどうですか。 How's your Japanese study going?
　　B：とても楽しいです。 It's very fun.

「楽しい」は、物事や状況の一般的な特徴を示すのにも使うことができます。
例）これは、楽しい仕事です。 This is a fun job.

2 ▶ うれしい (happy, glad)

「うれしい」は、その瞬間の喜びの気持ちを示します。

例）・＜プレゼントをもらって＞
　　うれしい！ ありがとう。 I'm so happy! Thank you.
　　・また会えて、とてもうれしいです。 I'm so glad to see you again.

「うれしい」は、物事や状況の一般的な特徴を示すのに使うことはできません。
例）田中先生のクラスは楽しいので、おすすめです。
　　　　　　　　　うれしい

I recommend Tanaka sensei's class because
it is fun.

うれしい！

3 ▶ **おもしろい** (interesting, funny, strange, enjoy)

「おもしろい」は、興味深いと感じるときに使います。「楽しい」の気持ちを含んでいることもあります。例えば、「パーティーはおもしろかったです」などです。

例）とても<u>おもしろい</u>テーマです。
　　It's a very interesting theme.

笑いたくなるようなときも、「おもしろい」を使います。

例）あの芸人、本当、<u>おもしろい</u>ね。
　　That comedian is so funny.

「おもしろい」は、人やものが少し変わっていることも示します。

例）<u>おもしろい</u>食べ方だね。　It's an interesting way to eat.

　　　　　　　　　　　　　　　　　　🔊 2_12

英語で言ってみよう！

🔑 ① **indicate A** (A を示す)　　② **continuing** (継続的な)　　③ **joy** (喜び)
④ **at that moment** (その瞬間の)　　⑤ **feel interested in A** (A を興味深いと感じる)
⑥ **general characteristics** (一般的な特徴)　　⑦ **include A** (A を含む)

楽しい <u>indicates</u> the <u>continuing</u> feeling of <u>joy</u> and うれしい indicates the feeling of joy <u>at that moment</u>. You use おもしろい when you <u>feel interested in</u> something.

1 ▶ 楽しい indicates the feeling of joy while doing something.
You can also use 楽しい to indicate the <u>general characteristics</u> of things or situations.

2 ▸ うれしい indicates the feeling of joy at that moment.

You cannot use うれしい to indicate the general characteristics of things or situations.

3 ▸ When you feel interested, you use おもしろい. It sometimes ₇includes the feeling of fun. For example, パーティーはおもしろかったです.

When you feel like laughing, you also use おもしろい.

おもしろい also indicates that something or someone is a little strange.

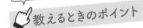

Teaching Tips

教えるときのポイント

　　　　英語でよく使われる動詞の enjoy には広い意味があ
り、日本語にするとき「楽しむ」以外に、「楽しい」「おもしろい」「好き」などを
使って表します。
例）・I really enjoyed that movie. （あの映画は本当に楽しかった。）
　　・I enjoyed your book very much. （本、とてもおもしろかったです。）
　　・My mother enjoys my meals. （母は私の料理が好きです。）
英語母語話者は enjoy を使って表現したいことが多いので、日本語でどう言うか
教えられるといいでしょう。
　　また、happy は happy with で「満足する」という意味ですが、日本語の「う
れしい」には、このような意味はありません。
例）Are you happy with this schedule? （このスケジュールでいいですか。）

PART 3

英語と日本語、どう違う？

What's the difference between
English and Japanese?

About this part

　英語圏の学習者にとって、日本語は決してやさしい言語とは言えません。PART 1、PART 2で見てきたように、日本語と英語にはさまざまな違いがあります。

　そもそも、日本語とはどのような言語なのでしょうか。日本語の構造、発音、語彙、文字表記といった基礎的な知識を身に付けておくと、日本語をより深く理解することができます。

　PART 3では、このような基礎的な日本語の知識や、英語と日本語の違いについて、英語でどのように説明するのか、質問形式で学んでいきましょう。

日本語の構造について

Q1　日本語の語順は、英語の語順と違いますか。

Is the word order in Japanese different from the word order in English?

◀)) 3_01

はい。英語では基本的な語順は、「主語 S ＋動詞 V ＋目的語 O」です。日本語では基本的な語順は、「主語 S ＋目的語 O ＋動詞 V」です。日本語の語順は、英語の語順より柔軟です。

Yes. In English, the basic word order is SUBJECT – VERB – OBJECT or SVO. In Japanese, the basic word order is SUBJECT – OBJECT – VERB or SOV. The word order in Japanese is more flexible than it is in English.

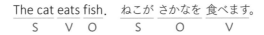

The cat eats fish.	ねこが さかなを 食べます。
S　　V　　O	S　　　O　　　V

▶ 語順 word order　▶ 主語 subject　▶ 目的語 object　▶ 動詞 verb

Note

　英語は The cat eats fish. のように、主語 (S)、動詞 (V)、目的語 (O) の順に言う SVO 型言語ですが、日本語は「ねこがさかなを食べます」のように、主語 (S)、目的語 (O)、動詞 (V) の順に言う SOV 型言語です。
　また、英語は語順により主語や目的語を表すため、基本的に語順を変えることができません。一方、日本語は「が」や「を」といった助詞を使うことで、主語を表したり、目的語（動作の対象）を表したりする特徴があります。そのため、日本語は語順の制約がゆるやかで、「さかなをねこが食べます」のように語順を変えて言うこともできます。

Q2 日本語では、動詞はいつも文の最後に来ますか。

Do verbs always come at the end of a sentence in Japanese?

🔊 3_02

はい。日本語では、動詞も含めて、述語は文の最後に来ます。文の最後に何が来るかによって、3種類の文の構造があります。名詞で終わる文、形容詞で終わる文、動詞で終わる文です。

Yes. Predicates, including verbs, come at the end of a sentence in Japanese. There are three types of sentence structures according to what comes at the end of a sentence: a sentence that ends with nouns, one that ends with adjectives and one that ends with verbs.

名詞文（noun sentence）	私のペットは ねこです。
形容詞文（adjective sentence）	私のねこは 大きいです。
動詞文（verb sentence）	ねこは よく寝ます。

▶ 述語 predicate　　▶ 文の構造 sentence structure

Note
....

　SVO 型言語である英語では、主語の後に述語となる動詞が来て、動詞が文の中心となります。一方、日本語の場合、文の最後に述語が来ますが、動詞の他に、名詞、形容詞も述語となります。「私のペットはねこです」という文では、「名詞 + です」、「私のねこは大きいです」という文では「形容詞 + です」が述語です。「です」を動詞だと思う学習者もいますが、「です」や「だ」は、動詞ではなく、コピュラまたは助動詞に含まれます。

Q3 日本語では、単数・複数名詞の区別をしますか。

Does Japanese differentiate between singular and plural nouns?

◀)) 3_03

いいえ、日本語では、単数か複数かの基本的な違いはありません。一つ以上あることを明確にしたいときは、人には「たち」や「ら」、物には「など」を使います。

No, there are no basic differences between singular and plural in Japanese. When you want to specify that there is more than one, you use たち or ら for persons, and など for things.

There is a man in the room.　　　部屋の中に男の人がいます。

There are men in the room.　　　部屋の中に男の人がいます。

The men ran away without taking anything.

　　男の人たちは、何も取らないで、逃げました。

There are classrooms, computer rooms and so on in that building.

　　あの建物には、教室やコンピューター室などがあります。

▶ 単数 singular　▶ 複数 plural

Note

　英語は、一人のときは a man や the man、複数のときは men や the men と言うように、単数と複数の違いが明確な言語です。一方、日本語では、どちらも「男の人がいます」と言うことができ、文からは男の人が一人なのか複数なのかはわかりません。複数であることを明確に示したいときは、人には「たち」や「ら」、物には「など」を付けますが、初級の学習者の中には、物にも「たち」を付けて、「本たちがあります」のように言うことがあり、注意が必要です。

About the writing systems of Japanese

日本語の語彙・文字表記について

Q4　日本語は、どんな文字を使いますか。

What kinds of characters does the Japanese language use?

◀)) 3_04

日本語は、**ひらがな**、**カタカナ**、**漢字**で書かれます。また、**ローマ字**（ローマ字化された日本語表記）も使われます。助詞を書くときは、ひらがなを使います。外来語を書くときは、カタカナを使います。

Japanese is written in ひらがな , カタカナ, and 漢字. In addition, ローマ字, or the romanization of the Japanese written language, is also used. When you write particles, you use ひらがな. When you write borrowed words, you use カタカナ.

スーパーでアイスとプリンを買いました。

I bought some ice cream and pudding at the supermarket.

▶ 助詞 particle　▶ 外来語 borrowed word

Note

　もともと日本語には文字がありませんでしたが、古代に中国から漢字が入ってきました。漢字を崩して作られたのがひらがな、漢字の一部を取り出して作られたのがカタカナです。現在の日本語では、一般的に、これらの文字を組み合わせた「漢字かな交じり文」が使われています。

　外来語は、もとになった言葉とは発音が全く異なっていたり、アイス（クリーム）やスーパー（マーケット）など、省略された形が一般的になっているものもあります。そのため、たとえ英語に由来した言葉であっても、学習者にとってはわかりにくい場合が多く、注意が必要です。

Q5　日本語の漢字は、中国語の漢字と同じですか。

Are Japanese 漢字 the same as Chinese characters?

🔊 3_05

いいえ。中国では、字体は簡略化しています。台湾では、字体は簡略化していません。簡略化した漢字も、簡略化していない漢字も、日本の漢字とは、形、意味、発音の点で異なります。

No. In China, the forms of characters are simplified. In Taiwan, the forms of characters are not simplified. Both simplified and un-simplified 漢字 are different from Japanese 漢字 in terms of shape, meaning and pronunciation.

日本語	中国語（簡体字）
湯	汤
hot water	soup

▶ 字体 form of characters　▶ 意味 meaning　▶ 発音 pronunciation

Note

　「漢字」と一言で言っても、いくつかの種類があります。中国の北京語では、漢字の簡略化された字体である「簡体字」を使用しています。もともと使用されていた漢字は「繁体字」と呼ばれ、台湾などで使用されています。日本は、この簡体字とも繁体字とも異なる字体の漢字（正字）を使用しています。簡体字と日本の漢字を比べると、点や払いなど小さい違いから、全く字形の異なるものもあります。
　また、同じ漢字であっても中国語と日本語とで意味が異なる場合があります。例えば「湯」という漢字は、日本語では熱くした水のことですが、中国語ではスープの意味になります。「湯」はもともと日本語にある語で、和語と言います。

About the pronunciation of Japanese

日本語の発音について

Q6　日本語の発音は、英語の発音と大きく違いますか。

Is Japanese pronunciation very different from English pronunciation?

◀» 3_06

いくつかの特徴は大きく違います。地域によっても異なりますが、英語は母音が 12 個、子音が 24 個あります。一方、日本語はどちらも少なく、母音が 5 個、子音が 15 個あります。子音と母音の組み合わせも簡単です。ただ、日本語には、英語とは大きく異なる特徴もあります。例えば、「ら」の発音は、英語の r とも l とも違います。

Some features are very different. It depends on the region, but, in English, there are 12 vowels and 24 consonants. In Japanese, there are fewer of both, 5 vowels and 15 consonants. The combination of consonants and vowels is simple. But, there are some features in Japanese that are very different from English. For example, the pronunciation of ら is different from r and l sounds in English.

▶ 母音 vowel　▶ 子音 consonant

Note

　日本語は、英語と比べると母音や子音の数が少ないですが、だからと言って習得が容易というわけではありません。例えば、日本語のラ行音は英語母語話者にとって難しい音の一つで、「きらいです」と言ったつもりが日本人には「きうぁいです」のように聞こえたり、いわゆる巻き舌で発音しているように聞こえたりすることがあります。「日本語らしさ」という点から見ると、日本語の発音は、学習者にとって簡単とは言えません。

Q7　日本語は、中国語のような「声調」言語ですか。

Is Japanese a "tonal" language, like Chinese?

◀)) 3_07

いいえ、ですが、日本語には、**高さアクセント**があります。英語では、強さ（ある音節が長く、より強い）が重要ですが、日本語では、語の中の高さのパターンが重要です。語の意味は、高さのパターンによって変わります。

No, but Japanese has pitch accent. In English, stress（some syllables are longer and have more stress）is important, and in Japanese, pitch patterns within a word are important. The meanings of words change depending on the pitch patterns of words.

présent（プレゼント）　　presént（贈る）

あ め（雨、rain）　　　あ め（飴、candy）

▶ 高さアクセント pitch accent　▶ 音節 syllable

Note

　日本語のアクセントは、声の高さが関係することから「高さ（ピッチ）アクセント」に分類されますが、英語は、語の中でどの音節を強く言うかが関係するので、「強さ（ストレス）アクセント」に分類されます。日本語のアクセントは特に記号が付いていないため、単語を見ただけではわかりません。「OJAD - オンライン日本語アクセント辞書[1]」など、インターネットで簡単にアクセントを調べることができるサービスもあります。

🔍 1：**OJAD - オンライン日本語アクセント辞書**
　　https://www.gavo.t.u-tokyo.ac.jp/ojad/

Q8 「チーズ」の「ー」はどのように発音しますか。

How do you pronounce the long dash in チーズ？

🔊 3_08

「イ」の母音を1拍、伸ばして発音します。拍（モーラ）は、日本語の基本的な音の長さの単位です。1拍は、「ー」「ッ」「ン」も含めて、基本的に仮名1文字です。小さい「ゃ」「ゅ」「ょ」と一緒に使うひらがな（「ちゃ」など）は2文字ですが、1拍と数えます。ことばの意味は拍数によって変わります。例えば、「ちず」（2拍）と「チーズ」（3拍）などです。拍（モーラ）は、日本語にとって重要です。

You simply extend the vowel い by one 拍, or "mora." Mora are the basic rhythmic units in Japanese. One mora basically equals one kana character, including ー (the long dash,) small ッ and ン. Hiragana with small ゃ, ゅ or ょ (for example ちゃ) have two kana characters, but you count them as one mora. The meanings of words change depending on the number of mora. For example, ちず (2 mora, map) and チーズ (3 mora, cheese.) Mora are important for the Japanese language.

ち・ず（map）	2 mora
チ・ー・ズ（cheese）	3 mora
チャ・ッ・ト（chat）	3 mora

▶ 音の長さの単位 rhythmic unit

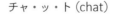

Note

多くの言語では、拍ではなく音節で音を区切ります。音節では「ー」「ッ」「ン」を一つと数えません。そのため多くの学習者にとって、「チーズ」など、「ー」「ッ」「ン」を含む音（特殊拍）は、習得が難しいです。

169

日本語の待遇表現について

Q9　日本語の敬語は、何種類ありますか。

How many types of Japanese honorifics are there?

🔊 3_09

主に**丁寧語**（です・ます体）、**謙譲語**、**尊敬語**の三つの種類の敬語があります。日本語話者がこれらのどれを使うかは、相手や場面によります。

There are three main types of Japanese honorifics: polite (です・ます form) and humble, and honorific. Which of these Japanese speakers use depends on the person and the situation.

丁寧語 (the polite language)　　ご飯を 食べます。
謙譲語 (the humble language)　　ご飯を いただきます。
尊敬語 (the honorific language)　ご飯を めしあがります。

▶ 敬語 Japanese honorifics

Note

　聞き手や場面などに合わせて話す表現を「待遇表現」と言い、敬意を表すための表現は、一般的に敬語として知られています。敬語の代表的なものは「尊敬語」や「謙譲語」で、特別な表現が用いられます。日本語学習の初期段階では、一般的に丁寧語が多く用いられます。基本的に誰にでも使うことができ、汎用性の高い文体であるということが理由の一つです。日本語では、敬語も含めて、聞き手や場面などに合わせて、適切な表現を選ぶことが大切です。

Q10　アニメやマンガの日本語を使うことができますか。

Can I use the Japanese used in anime or manga?

🔊 3_10

はい、使うことができます。ですが、その言葉のスタイル（丁寧な表現か、そうでないか）を理解して、場面や話している相手によって、適切に使う必要があります。また、個々の特徴を表現するために、アニメやマンガの中だけで使われる言葉もあります。

Yes, you can. But you need to understand the style of words (polite expressions or not) and use them properly depending on the situation and the person you are speaking to. There are also words only used in anime or manga to express individual characteristics.

わたしは　田中です。　→ わしゃ　　田中じゃ。

　　　　　　　　　　　→ せっしゃは　田中でござる。

　　　　　　　　　　　→ わたくしは　田中ですわ。

Note ....

　近年、マンガやアニメを使って独学で日本語の学習を始める人も増えてきました。マンガやアニメの中には、役割語といって、そのキャラクターの特徴をイメージする語も多く使用されています。しかし、それらの語は現実世界の会話では使われないことも多く、例えば、「わしゃ田中じゃ」と聞くと、日本語母語話者は老人を思い浮かべますが、実際、年配の方がこのように話しているわけではありません。学習者は、その言葉のイメージをよく理解して使う必要があります。

おまけ

お役立ち用語 & 表現！

Useful Words and Expressions!

About this part

- ・オリエンテーションで使う表現
- ・教室で使う表現
- ・教室で使うカタカナ語
- ・オンライン授業で使う表現
- ・文法用語

オリエンテーションで使う表現

　大学のオリエンテーション時などに使用することばと、その使用例です。特に、遅刻や欠席、再試験などのルールを最初にわかりやすく明示しておくと、後で混乱が少なくなります。

◀)) L01

ことば	使用例
時間割 schedule	今学期の時間割です。 Here is your schedule for this semester.
～限 period	1限は9時に始まり、10時半に終わります。 The first period starts at 9 a.m. and finishes at 10:30 a.m.
休み時間 break	授業の間に10分の休み時間があります。 There is a 10-minute break between classes.
必修科目 required courses	午前中の日本語科目は必修科目です。 Japanese classes in the morning are required courses.
選択科目 elective courses	午後は選択科目を履修することができます。 You can take elective courses in the afternoon.
履修登録をする register for classes	金曜日までに履修登録をしてください。 Finish registering for classes by Friday.
指導教官 supervisor, academic advisor	履修登録には指導教官のサインが必要です。 You need your supervisor's signature on your class registration.
単位 credit	日本語クラスは各クラス1単位です。 You will receive one credit on each Japanese class.
単位互換 credit transfer	単位互換については自分の大学で確認してください。 Ask your university about a credit transfer.
交換留学生 exchange student	交換留学生のオリエンテーションを始めます。 We will begin the orientation for exchange students.

成績 grade	成績が悪いと次の学期、上のレベルのクラスを取れません。 If you have poor grades, you can't take upper-level classes next semester.
再試験を受ける make up the exam, take a make-up exam	病気で試験を受けられなかった場合、再試験を受けることができます。 You can make up the exam if you can't take an exam because of illness.
出席 attendance	合格するためには80％以上の出席が必要です。 You need more than 80% attendance to pass.
欠席 absence	授業を3回遅刻した場合、1回欠席とみなします。 Being late for a class three times is counted as one absence.
休講だ class will be canceled	来週の火曜日の日本語クラスは祝日のため休講です。 Japanese class will be canceled next Tuesday because of a national holiday.
補講 supplementary class	土曜日に補講があります。 You will have a supplementary class on Saturday.
締め切り the due date	締め切りまでにレポートを提出してください。 Please submit your paper before the due date.

教室で使う表現

　「始めましょう」など繰り返し使用する「教室用語」は、最初に、学習者に日本語と英語の両方を提示するといいでしょう。だんだん日本語だけでもわかるようになります。一方、予定の変更など、いつもと異なることや、少し細かい指示は、日本語だけだとわからずに、不安になる学習者もいます。英語で書かれた文を見せるなど、視覚的にも提示すると、よりしっかり伝わります。

◀)) L02

授業の進行	
授業を始めましょう。	Let's begin the lesson.
準備はいいですか。	Are you ready to start?
出席をとります。	Let me take attendance.
今日は自己紹介を勉強します。	We are going to learn self-introduction today.
今、挨拶について勉強しています。	We're learning about greetings now.
休みましょう。	Let's take a break.
11 時までにクラスに戻ってください。	Come back to class before eleven.
わかりましたか。	Do you understand?
質問はありますか。	Any questions?
今日は自己紹介に取り組みました（を勉強しました）。	Today, we worked on self-introduction.
明日は時間について勉強します。	Tomorrow, we are going to learn about time.
ここで終わりましょう。	Let's finish here.
今日はこれで終わります。	That's all for today.

クラスの運営（スケジュールなど）

明日は教室が違います。	We will be in a different classroom tomorrow.
明日は 201 で授業を行います。	We will have class in 201 tomorrow.
明日は 10 時から授業を行います。	We will have class from 10:00 tomorrow.
明日は祝日のため、授業はありません。	We don't have class tomorrow because it's a national holiday.
5 課の単語を予習してきてください。	Please study the Lesson 5 vocabulary before you come to class.
明日は 5 課の単語のテストをします。	We're going to have a vocabulary quiz on lesson 5 tomorrow.
今日の宿題は 3 ページです。	Today's homework is page 3.
音声ファイルはウェブサイトからダウンロードできます。	You can download the audio files from the website.

教室で使うカタカナ語

　教室でよく使うカタカナ語の中には、英語にはない和製英語や、意味や使い方の異なるものも多くあります。学習者と一緒に考えてみても、おもしろいかもしれません。

◀)) L03

ことば	使用例
テキスト／教科書 textbook	テキストの 30 ページを開いてください。 Open your textbook to page 30.
プリント handout, printout	プリントを 1 枚ずつ取って、回してください。 Please take a handout and pass them on.
小テスト／クイズ quiz, a short exam	明日、単語テストをします。 We'll have a vocabulary quiz tomorrow.
中間テスト mid-term exam	6月に中間テストがあります。 We have a mid-term exam in June.
期末テスト final exam	7月末に期末テストがあります。 We have a final exam at the end of July.
カンニングする cheat	カンニングをしないでください！ Don't cheat!
マークシート scantron (sheet), computer-scored answer sheet	この試験はマークシートで行います。 We'll use a computer-scored answer sheet for this exam.
レポート paper	金曜日までに必ずレポートを出してください。 Be sure to turn in your paper by Friday.
ミーティング／面談 meeting	明日、アドバイザーと面談があります。 You'll have a meeting with your advisor tomorrow.
インタビュー／面接 interview	学内アルバイトをするためには、面接を受ける必要があります。 You need to have an interview to do an on-campus job.
テーマ topic, theme	発表のテーマは何ですか。 What is the topic of your presentation?

パソコン computer, PC	パソコンの調子が悪いです。 My computer is not working properly.
ノートパソコン laptop	明日はノートパソコンを持って来てください。 Bring your laptop tomorrow.
ホチキスでとめる staple	レポートはホチキスでとめてください。 Staple your papers together.
シャーペン mechanical pencil	シャーペンを使ってください。 Please use a mechanical pencil.
ペンケース／筆箱 pencil case	ペンケースはカバンの中にしまってください。 Please put a pencil case in your bag.
メール email	メールで書類を提出してください。 Submit your document by email.
シェアする／共有する share	ファイルはグループでシェアしてください。 Share your file with your group.
ダウンロードする download	その書類はウェブサイトからダウンロードできます。 You can download the document from the website.
オンラインで online	明日はオンラインで授業を行います。 We'll have class online tomorrow.
ウェブサイト／ ホームページ website	詳しい情報はウェブサイトを確認してください。 Check the detailed information on the website.
ウェブサイトに アクセスする go to/access/visit website	ウェブサイトにアクセスできますか。 Can you go to the website?

オンライン授業で使う表現

オンラインで教える場合は、教室のようにアイコンタクトやジェスチャーが使えないため、日本語ではうまく指示が伝わらないことがあります。また、トラブルも多いので、よく使う表現を覚えておくと便利です。

◀)) L04

始める準備

私の声が聞こえますか。	Can you hear me?
私が見えますか。	Can you see me?
聞こえたら、手を挙げてください。	If you can hear me, raise your hand.
声が（よく）聞こえません。	We can't hear you (well.)
声が少し小さいです。	You are a little bit quiet.
雑音が多くて、はっきり聞こえません。	I can't hear you clearly because there is a lot of noise.
ミュートになっています。	You are muted.
マイクをオン／オフにしてください。	Please turn on/off your microphone.
カメラをオン／オフにしてください。	Please turn on/off your camera.
画面の名前をカタカナにしてください。	Change the display name to カタカナ.
まだ来ていない学生がいるので、もう5分待ちましょう。	Some of the students are not here, so let's wait another 5 minutes.
待ってくれてありがとうございます。	Thank you for waiting/your patience.

いろいろな機能
（画面共有、チャット、リアクション、ブレイクアウトルーム）

画面を共有します。	Let me share my screen.
私の画面が見えますか。	Can you see my screen?
画面を共有してください。	Share your screen.
画面を下にスクロールしてもらえますか。	Can you scroll down your screen?
チャットに書きます。	I'll type it in the chat box.
チャットを見ることができますか。	Can you see the chat box?

質問があれば、チャットに書いてください。	If you have a question, please type it in the chat box.
チャットで出席を取るので、名前をチャットに書いてください。	I'm going to take attendance using the chat box, so please type your name in there.
チャットでファイルを送ってもらえますか。	Can you send me the file in the chat box?
リアクションボタンを押してください。	Please click on a reaction.
3つのブレイクアウトルームを作ります。	We will make three breakout rooms.
自動的に各自のブレイクアウトルームに移ります。	You will be automatically put into your breakout room.
自分のブレイクアウトルームに入ってください。	Move to your breakout room.

トラブル

パソコン／マイク／インターネットの調子が悪いです。	There is something wrong with my computer/microphone/internet. (My computer/microphone/internet is not working properly.)
接続が悪いです。	I have a bad connection.
今、直そうとしています。	I am trying to fix it.
接続し直します。	Let me reset my connection.
パソコンを再起動してもいいですか。	Can I restart my computer?
すぐに戻ります。	I will be back soon.

文法用語

　用語は、教科書や教える機関によって異なります。また、専門的な用語は、英語でも学習者がわからない場合があるので、注意して使用しましょう。

品詞　parts of speech

名詞	nouns
動詞	verbs
イ形容詞	イ adjectives
ナ形容詞	ナ adjectives
副詞	adverbs
助詞	particles
助動詞　例 ます、れる、させる、ない	auxiliary verbs
接続詞	conjunctions
連体詞　例 この、その、あの、あんな	pre-noun adjectivals
指示詞　例 これ、それ、あれ、どれ	demonstrative pronouns
感動詞	interjections

活用形　conjugation

辞書形　例 言う	dictionary forms
丁寧形／マス形　例 言います	long forms, マス forms, polite forms
テ形　例 言って	テ forms
普通形　例 言う、言った、言わない、言わなかった	short forms, plain forms
否定形／ナイ形　例 言わない	negative forms, ナイ forms
過去形／タ形　例 言った	past forms, タ forms
可能形　例 言える	potential forms
意向形　例 言おう	volitional forms
条件形　例 言えば、言ったら	conditional forms, バ forms, タラ forms
受身形　例 言われる	passive forms

使役形　例 言わせる	causative forms
使役受身形　例 言わせられる	causative passive forms

動詞　verbs

1グループ／5段動詞　例 書く	u-verbs, Group 1 verbs
2グループ／1段動詞　例 食べる	ru-verbs, Group 2 verbs
3グループ／変格活用動詞　例 する、来る	irregular verbs, Group 3 verbs
自動詞　例 あく	intransitive verbs
他動詞　例 あける	transitive verbs

時制（テンス）　the tenses

現在／非過去	present tense, non-past tense
過去	past tense

敬語　Japanese honorifics

尊敬語　例 いらっしゃいます	honorific language
謙譲語　例 参ります	humble language
丁寧語　例 行きます	polite language
美化語　例 お水、ご説明	honorific prefixes

文の種類・構造　sentence structures

肯定文	affirmative sentences
否定文	negative sentences
疑問文	question sentences (questions)
主語	subjects
述語	predicates
目的語／動作の対象	objects
授受表現　例 もらう、あげる、くれる	benefactive (giving and receiving) expressions
推量　例 そうだ、らしい、ようだ、みたいだ	conjecture

〈参考文献〉

庵功雄（2017）『一歩進んだ日本語文法の教え方1』くろしお出版

庵功雄（2018）『一歩進んだ日本語文法の教え方2』くろしお出版

市川保子（2005）『初級日本語文法と教え方のポイント』スリーエーネットワーク

倉林秀男，ジェフリー・トランブリー（2022）『シンプルで伝わる英語表現—日本語との発想の違いから学ぶ』筑摩書房

近藤安月子，小森和子編（2012）『研究社日本語教育事典』研究社

グループ・ジャマシイ編（2015）『日本語文型辞典 英語版』くろしお出版

酒入郁子，佐藤由紀子，桜木紀子，中村貴美子，中村壽子，山田あき子（2007）『外国人が日本語教師によくする100の質問（新装版）』バベルプレス

高嶋幸太（2019）『英語教師が知っておきたい日本語のしくみ—英文法・英作文指導に活かす』大修館書店

田中茂範（2017）『表現英文法—わかるから使えるへ（増補改訂第2版）』コスモピア

日本語教育学会編（2005）『新版 日本語教育事典』大修館書店

坂野永理，池田庸子，大野裕，品川恭子，渡嘉敷恭子（2020）『初級日本語 げんき1【第3版】』ジャパンタイムズ出版

坂野永理，池田庸子，大野裕，品川恭子，渡嘉敷恭子（2020）『初級日本語 げんき2【第3版】』ジャパンタイムズ出版

牧野成一，筒井通雄（1989）『A Dictionary of Basic Japanese Grammar（日本語基本文法辞典）』ジャパンタイムズ出版

松崎寛，河野俊之（2018）『日本語教育 よくわかる音声』アルク

水谷修，水谷信子（2011）『Nihongo Notes vol. 1 Language and Culture』ジャパンタイムズ出版

水谷修，水谷信子（2011）『Nihongo Notes vol. 2 Language and Culture』ジャパンタイムズ出版

Roger, J. Davies. & Ikeno, Osamu. Eds. (2002). *The Japanese Mind: Understanding Contemporary Japanese Culture*. Tokyo: Tuttle Publishing.

Roger, J. Davies. (2016). *Japanese Culture: The Religious and Philosophical Foundations*. Tokyo: Tuttle Publishing.

〈著者紹介〉

嵐 洋子　あらし ようこ

杏林大学外国語学部教授。修士課程のときにDurham Universityに留学。日本語を学ぶ学生、英語と日本語教育を学ぶ学生をつなぐ共修を行っている。専門は、日本語教育学、日本語音声学。博士（文学）。著書（共著）に『超基礎・日本語教育のための日本語学』（くろしお出版）などがある。

倉林 秀男　くらばやし ひでお

杏林大学外国語学部教授。修士課程を過ごしたオーストラリアでTAとして日本語教育に関わって以来、心の片隅に日本語教育が引っかかっている。専門は英語文体論。博士（英語学）。著書（共著）に『ヘミングウェイで学ぶ英文法』（アスク出版）などがある。

田川 恭識　たがわ ゆきのり

日本大学日本語講座プログラムコーディネーター。留学生と日本の大学生とが共に学び合える場の創設に力を入れている。また、他大学では専門である音声学や日本語教育学の授業も担当。著書（共著）に『Crosslink 言語聴覚療法学テキスト 言語学・言語発達学』（メジカルビュー社）などがある。

ジョージ・アダムス　George Adams

Department of Global Languages & Cultures, College of Arts & Sciences, Texas A&M University, Senior Lecturer。テンプル大学日本キャンパスで応用言語学MAを取得した後、アメリカに戻り、2004年からテキサスA&M大学で日本語の授業を担当。

ワー 由紀　Yuki Waugh

Department of Global Languages & Cultures, College of Arts & Sciences, Texas A&M University, Instructional Associate Professor. Ph.D.(Educational Studies)。学習者が日本語を媒介として日本文化、社会について学び、グローバル社会に生きる人材となることを目指した日本語教育の実践をしている。専門は外国語教育学、第二言語習得理論。

こんなときどう説明する？
日本語を教えるためのやさしい英語表現

2024 年 3 月 25 日　第 1 刷発行
2024 年 10 月 11 日　第 2 刷発行

著者	嵐 洋子、倉林 秀男、田川 恭識、 George Adams（ジョージ・アダムス）、ワー 由紀
協力・ナレーション	Jackie Talken（ジャッキー・トルケン）
発行人	岡野 秀夫
発行所	株式会社くろしお出版

〒 102-0084　東京都千代田区二番町 4-3
Tel: 03-6261-2867　　　　Fax: 03-6261-2879
URL: www.9640.jp　　　　Email: kurosio@9640.jp

イラスト	坂木 浩子（ぽるか）
装丁デザイン	長尾 和美（株式会社アンパサンド）
本文デザイン・DTP	朝日メディアインターナショナル株式会社
印刷・製本	シナノ書籍印刷株式会社